Die Jahre der Drangsal

Die Hintergründe von Corona
und eine Schau auf die Jahre bis 2027
aus weltlicher und geistiger Sicht

Samuel E. Surazal

Bibliografische Information der Deutschen Nationalbibliothek
Die Deutsche Nationalbibliothek verzeichnet diese Publikation
in der Deutschen Nationalbibliografie;
detaillierte bibliografische Daten sind im Internet
über http://dnb.d-nb.de abrufbar.

Deutsche Originalausgabe
1. Auflage 2020 ▪ Samuel E. Surazal
Edition AVRA bei BuchWerkstatt Berlin
Eine Marke der Frieling & Hufmann GmbH & Co. KG
mailto:lektorat@edition-avra.de

Printed by Amazon Fulfillment
Verantwortlich für Inhalt, Korrektorat und Satz: Der Autor
Email: info@samuel-surazal.com
Website: www.samuel-surazal.de

ISBN 978-3-946467-85-4

Im großen Evangelium Johannes durch Jakob Lorber
spricht der Erzengel Raphael:

"Solches aber hat Gott der Herr
aus Seiner Ordnung schon für immer eingerichtet,
dass alles Schlechte und Falsche
sich allzeit selbst zerstört;
und je mehr dieses nach einer Alleinherrschaft
zu streben anfängt, desto eher
wird es sich zerstören."

Inhalt

Vorwort

Dieses Buch offenbart Einblicke in derzeitige antichristliche Machenschaften sowie eine Voraussicht in die jetzt beginnenden sieben Jahre endzeitlicher Drangsal. Das ist wahrlich ein heikles Thema und ich bin mir durchaus bewusst, dass sich die Ausführungen manchem unbedarften und durch die öffentlichen Medien konditionierten Leser als Werk eines Verschwörungstheoretikers im christlichen Gewand darstellen können.

Denn ist man im Irrtum gefangen, dass Falschheit, Hinterlist, Machtgier und Korruption auf sogenannte demokratische Regierungen nicht zutreffen, und haben angeborene Gutgläubigkeit und eine politisch korrekte Gutmenschenerziehung dafür gesorgt, dass man der Überzeugung ist, Wirtschaftsunternehmen und Wissenschaft wollen immer nur das Beste fürs Volk, wird man sich schwertun, die hier dargestellten Ereignisse nachzuvollziehen oder wird diese gar als abenteuerlich und Hirngespinste abtun.

Trotzdem und gerade deswegen und auch auf die Gefahr hin, Verspottung, Diffamierung und womöglicher Verfolgung durch Staatsgewalt ausgesetzt zu sein, wage ich diese Öffentlichmachung. Die beschriebenen Fakten dazu sind allesamt gewissenhaft recherchiert und nachprüfbar beziehungsweise belegbar.

Hegt man nach dem Lesen der ersten Zeilen große Skepsis, könnte und sollte man diesem Buch zumindest eine Chance geben, obwohl man vielleicht oder grundsätzlich Vorbehalte und Vorurteile hat bezüglich Theorien über Verschwörungen heimtückischer Mächte. Und vielleicht auch deshalb, weil man sich bislang nicht mit einem gefallenen Geist namens Luzifer oder Satan sowie mit einem Gott in Jesus Christus befasst hat, der nun wiederkommt in all Seiner Macht und Herrlichkeit.

Zum Teil beinhaltet diese Schrift Botschaften, die ich an Geschwister versendet habe sowie Auszüge aus Gesprächen und Vorträgen. Da diese größtenteils original belassen sind, kommt es vereinzelt zu thematischen Wiederholungen, die aber stets aus einer anderen Perspektive Betrachtung finden. Jene Darstellungen, die über die hintergründigen Falschheiten irdischer Machthaber in Bezug auf Corona aufklären sollen, sind in einem ausführlichen ersten Kapitel zusammengefasst. Alle weiteren Ausführungen sind übergeordneten Themenbereichen zugeordnet. Insgesamt lassen sich die verschiedenen Texte wie ein Puzzle zusammensetzen, woraus sich ein schlüssiges Bild der Beweggründe involvierter Mächte ergibt:

Die Herrschgier einiger größenwahnsinniger Individuen, die aufgrund der Verflechtung und Vereinheitlichung von Politik, Finanzen, Wirtschaft, Wissenschaft, Gesundheitswesen und Medien eine seit langem geplante globale Machtergreifung radikal herbeiführen. Ohne es zu wissen sind sie jedoch nur Marionetten der Zielsetzung Satans: Er führt die Menschheit in den absoluten Materialismus/Atheismus, der letztendlich auch die Ausrottung des christlichen Glaubens beinhaltet, was dieser Erde den endgültigen geistigen Todesstoß versetzen würde. Und schließlich das Motiv Gottes, dem die antichristlichen Vorgänge als Instrument zur Reinigung und Erneuerung dieser Erdenwelt dienen. Diese drei Ebenen sind interaktiv beziehungsweise wechselseitig wirksam in Entsprechung Körper, Seele und Geist.

Das Hauptaugenmerk des Lesers soll aber auf den seelisch-geistigen Ursachen und Hintergründen des endzeitlichen Geschehens liegen, denn wichtig ist vor allem die Einsicht: Unser himmlischer Vater wacht über allem und letztendlich muss alles Böse dem Guten untertan sein.

Dies ist also in erster Linie eine zutiefst religiöse Schrift, die sich mit irdischen Vorgängen und Sichtweisen befasst, und keine weltliche Aufklärungsschrift mit religiösem Hintergrund. Mutwillige Kritiker, Sensationssucher, überzeugte Atheisten und christusferne Esoteriker werden hier nicht oder nur in gewisser Hinsicht auf ihre Kosten kommen.

Was kann dieses Buch noch?

Es stärkt den Glauben und das Vertrauen derjenigen Gotteskinder, die bereits an der Hand Jesu gehen.

Es kann und soll naiven und ahnungslosen `christlichen´ Gutbürgern die Augen öffnen, die aufgrund manipulierter Darstellung regierender Instanzen immer noch an Demokratie beziehungsweise Rechtsstaatlichkeit glauben und deshalb auf einem Seelenauge blind und dadurch auf der falschen Seite gutgläubig sind.

Bei gutem Willen kann es jedem Menschen zum Einstieg ins wahre Christenleben verhelfen, da es Neugier und Sehnsucht weckt nach mehr als dem Aufdecken der Hintergründe einer durchaus realen Weltverschwörung.

Den aufrichtigen und offenherzigen Leser führt es weg von der antichristlichen Straße der Verblendung, befreit ihn von existenzieller Angst oder gar Verzweiflung und zeigt ihm den Weg in die Arche wahrer Gottgeborgenheit, denn nur in ihr kann und wird man die kommende Zeit schadlos überstehen.

Mit anderen Worten: Diese Schrift kann jedem Menschen Brücke sein, um vom finsteren Land der Sorge und Angst, der Hoffnungslosigkeit und Traurigkeit, der Verblendung und Orientierungslosigkeit ins lichte Land göttlicher Einsicht zu gelangen, darin er Trost findet und Befreiung von aller Bedrückung und Last, von aller Irrtümlichkeit und Verkehrtheit, die er mit sich und in sich trägt aufgrund der Geschehnisse dieser Zeit.

Trotz der drastischen und dramatischen Schilderungen antichristlicher Machenschaften und endzeitlicher Ereignisse ist dies also eine Botschaft freudvoller Gewissheit für diejenigen, die sich ihrem himmlischen Vater anheimgeben. Sie leben in der Zuversicht und im Glauben an einen liebe- und verantwortungsvollen Gott, der allzeit über Seine Kinder wacht und sie nie im Stich lässt; vor allem, wenn sie großen Gefahren ausgesetzt sind, wie das jetzt der Fall ist und in den kommenden Jahren verstärkt der Fall sein wird. In Ihm sind wir geborgen, Er ist unser Schutz und Schirm in Leben und Tod.

Denn im Grunde geht es um die Errichtung des Friedensreiches durch Jesus Christus, der in Seinen Kindern wiederkommt und bereits wiedergekommen ist. Es geht darum, dass Liebe die stärkste Macht im Universum ist, dass Liebe stärker ist als der Tod, und dass Liebe immer Sieger sein und bleiben wird im Ablauf allen Geschehens diesseits und jenseits. Alle Macht liegt in Gottes Händen, Er allein ist Leben, Liebe, Licht und Wahrheit in Ewigkeit.

Samuel

Zum Geleit

Viele Menschen tragen in ihren Herzen schon lange Sehnsucht nach einer besseren Welt, denn die macht- und geldgierigen Unternehmen und Regierungen sowie die scheingläubigen und fanatischen religiösen Institutionen haben eine Welt voll unmenschlicher körperlicher und seelischer Ungerechtigkeiten und Grausamkeiten erschaffen.

Nun ist es soweit, ein Zeitalter geht zu Ende, die Erde ist im Wandel, sie ist in die Endphase der bisherigen Epoche eingetreten. Doch welchen Übergang haben wir erwartet? Harfen und Engelsgesänge? Dass alle Menschen plötzlich gut sind und erfüllt von Nächstenliebe? Dass das verkommene Finanz- und Wirtschaftswesen sowie die gewissenlose Rüstungs-, Pharma- und Lebensmittelindustrie auf einmal das Wohl der Menschen im Sinn haben? Dass korrupte Regierungen nicht mehr ihren eigenen Machtinteressen sowie den Vorgaben der Lobbyisten marktführender Unternehmen dienen, sondern tatsächlich in Fürsorge und selbstloser Verantwortung ihre Länder verwalten? Dass alle Soldaten und fanatischen Gotteskrieger ihre Waffen niederlegen und ihre Gegner herzlich umarmen?

Nein, es wird keine Wolke der Nächstenliebe diese Erde einhüllen und automatisch alles Übel und Elend in Harmonie und Gutes verwandeln. Der Übergang ins neue Zeitalter wird aller Voraussicht nach nicht erfüllt sein von Frieden und Gleichklang der Herzen. Wir werden keine schmerzfreie Geburt erleben, denn die kommenden Jahre werden begleitet sein von einer Drangsal und von Katastrophen apokalyptischen Ausmaßes, wie es sie so noch nie gab. Eine Lawine von Falschheit, Gewalt, Krieg, Not und Tod überrollt diese Erde. Die apokalyptischen Reiter sind unterwegs, um ihre Aufgaben zu erfüllen.

Die derzeitige Weltsituation beinhaltet, neben einigen untergeordneten Vorgehensweisen und den damit verbundenen Entwicklungsmöglichkeiten zwei hauptsächliche Perspektiven:

Zum einen soll mit Hilfe des trojanischen Pferdes Corona die Festung Demokratie niedergerissen, die Finanz- und Wirtschaftswelt komplett resettet, mit 5G und weiteren technischen Errungenschaften eine globale Diktatur etabliert werden, in der jeder Mensch entmündigt, überwacht und fremdbestimmt werden kann. Die Menschheit würde somit zum blinden Sklaven einiger machtbesessener Diktatoren degradiert. Das ist sie jetzt auch bereits, aber nicht unter einer solch absoluten Kontrolle, wie sie dann bewerkstelligt werden kann.

Die zweite Möglichkeit wäre, dass die Wahrheit über das derzeitige teuflische und hinterhältige Weltgeschehen bald ans Licht kommt und es einen weitestgehend friedlichen Wandel gibt. Das ist aufgrund der antichristlichen Durchdringung globaler Machtstrukturen aller Voraussicht nach aber eher unwahrscheinlich.

Und falls doch, wäre dann der Zweck dieser gerichtlichen Periode erfüllt? Würden sich die Menschen wirklich Gott zuwenden und Jesus Christus als ihren Erlöser annehmen? Oder würden in kürzester Zeit die alten unmenschlichen politischen und wirtschaftlichen Strukturen wieder Besitz ergreifen? Und würden nicht Habgier, blind-naive Toleranz und uneingeschränkte sexuelle Freiheit aus der Menschheit erneut eine dumm-egoistische Konsum-, Spaß- und Lustgesellschaft machen? Es geht ja um eine kollektive

Bewusstseinserneuerung und die Eröffnung des tausendjährigen Friedensreiches im Glauben an den einzig wahren Gott Jesus Christus. Da muss **alles** Alte vergehen, damit Neues entstehen kann.

Und doch hält der Vater auch die Türe für die Möglichkeit eines sanften Wandels geöffnet.

Ja, Jesus Christus wird kommen, doch Seine Wiederkunft hat ihren Preis. Denn Er ist das Licht der Wahrheit, das jede Finsternis durchdringt, weshalb der antichristliche Geist mit allen ihm zur Verfügung stehenden Mitteln Jesu erneute Darniederkunft zu vereiteln sucht.

Alles Böse hat sich formiert und wird sich nicht kampflos ergeben. Die Tore der Hölle sind geöffnet, Satan wird seine Macht öffentlich demonstrieren, denn noch hat er das Weltenruder fest in der Hand. Seine Vasallen haben viele einflussreiche Positionen dieser Welt besetzt, wir werden beherrscht von Teufeln und Dämonen, die sich mit dem Gewand scheinbarer Nächstenliebe und Fürsorge verkleidet haben. Doch in Wahrheit sind Hochmut, Geld- und Machtgier ihr Antrieb - Angstverbreitung, Korruption, Manipulation und Erpressung die Instrumente dafür. Das Endziel Satans aber ist die Ausrottung allen wahrhaftigen Glaubens, er möchte Jesus Christus gänzlich aus dem Bewusstsein der Menschheit tilgen.

Aus diesem Grund tobt in den kommenden Jahren der Kampf zwischen Licht und Finsternis wie nie zuvor. Es findet eine materielle, aber noch mehr eine geistige Auseinandersetzung statt, die Auswirkung hat auf das gesamte Universum, denn diese Erde ist das belebende Zentrum der

Schöpfung. Sie ist der Sinusknoten des kosmischen Herzens. Stirbt die Erde, stirbt der gesamte Kosmos.

Diese Tatsache ist nur nachzuvollziehen, wenn man das Opfer der Menschwerdung Gottes erkennt und in seiner Tiefe begreift. Seine Verkörperung in Jesus Christus, Seine Kreuzigung und Auferstehung bezeugen Bedeutung und Wichtigkeit des Bestehens dieser Erdenwelt nicht nur für die hier ansässige Menschheit, sondern für alle Wesenheiten im göttlichen Schöpfungsraum.

Im Herzen der Schöpfung öffnete der himmlische Vater Sein Herz für Seine Kinder, gültig für alle Räume der Unendlichkeit, gültig für alle Zeit und Ewigkeit. In der Betrachtung Jesu Christi am Kreuz offenbart sich das gekreuzigte Herz Gottes.

Seine Kinder kann der Vater in dieser Zeit nur beschützen, wenn sie sich Ihm ganz anheimgeben. Das funktioniert nicht, wenn man Jesus Christus neben der Welt herzieht, es muss eine gänzliche Anheimgabe sein. Dazu brauchen wir Einsicht in Sein Herz, erst dann können wir Ihn über alles lieben und daraus unsere Nächsten wie uns selbst. Denn vor allem soll Liebe zu Gott das Motiv der Hinwendung zu Ihm sein und nicht Angst vor der Welt.

Wenn wir Gott in erster Linie aus egoistischen Gründen suchen und/oder im theoretischen Verstandesglauben bleiben, stehen wir unter dem göttlichen Gesetz und nicht in der Gnade erlösender Barmherzigkeit. Und ganz wichtig: **Wir** müssen den Vater in Jesus Christus aktivieren, wir müssen unsere Herzenstüren für Ihn öffnen, nur so kann Er eintreten, um Sein Herz über Seine Kinder auszubreiten und um sie mit Seinem Geist zu erfüllen. Darin geborgen sollen wir das Licht in der Dunkelheit sein - in Seinem Geist sind wir die Licht- und Liebeträger Gottes in der Zeit der Wandlung und Befreiung.

Trotzdem müssen wir in den bevorstehenden Geburtswehen der Welt Leid mittragen; das bedeutet, wir werden nicht leiblich entrückt, sondern geistig. Dabei befinden wir uns im Körper in des Vaters Obhut und fühlen und wissen uns auch in der größten Not geborgen. Da spielt es keine Rolle, ob man von dieser Welt abberufen wird oder als Erdenbürger ins nahe Friedensreich eingeht.

So ist nun die Zeit der Zeiten gekommen. Die Menschheit muss jetzt die Rechnung ihrer Schandtaten begleichen, die sie seit Jahrtausenden begangen hat. Der karmische Abgrund hat sich geöffnet, alles je Gebundene und Gefallene kommt an die Oberfläche und zeigt sein widerwärtiges Gesicht. Der Drache speit Feuer ins Weltendunkel und gibt vor, sein stinkender Atem sei das Licht der Welt. Die Schlange hat den Erdball mit Falschheit umschlungen und ihre Giftzähne tief im Bewusstsein der Menschen verankert.

Doch sieh! Der Himmel hat sich aufgetan - Jesus Christus kehrt wieder. Nur eine kleine Zeit wird der Kampf, wird die Neugeburt dauern, dann wird diese Erde das Licht der Welt erblicken. Und alle Lüge wird getaucht ins Wahre. Und Zeit wird sich der Ewigkeit ergeben und der Tod dem Leben. Friede wird sein und Liebe wird erfüllen die Herzen der Menschen. Und es wird sein ein Hirte und eine Herde, ein Gott und ein in Ihm lebendiges Volk.

Einblicke und Aussichten

Dieses Kapitel beinhaltet eine Öffentlichmachung antichristlicher Machenschaften sowie eine Veranschaulichung der kommenden sieben Jahre der Drangsal, ausführlich beginnend mit den Vorgängen diktatorischer Machtergreifung mit Hilfe eines in China freigesetzten Virus namens Sars-Cov-2, mündend in die satanische Intention des Geschehens, aufgehend in die christliche Perspektive, zu guter Letzt offenbarend die göttlichen Zielsetzung.

Das Szenario der nächsten Jahre kann nur nacheinander geschildert werden, die Geschehnisse verlaufen jedoch weitestgehend parallel, wobei die Abfolgen von Land zu Land variieren können. Auch erhebt diese Schilderung keinen Anspruch auf Vollständigkeit.

Vorweg möchte ich klarstellen, dass kein Zweifel daran besteht, dass es weltweit Infizierte und Tote aufgrund von Corona gibt - doch längst nicht so viele wie offiziell angenommen weil angegeben. Und auch diejenigen, die von Politik und Medien als Covidioten, Coronaleugner und Verschwörungstheoretiker diffamiert werden, leugnen nicht, dass es dieses tödliche Virus gibt. Sie sehen aber die Zahl der Erkrankten und Toten im Verhältnis zu anderen Krankheits- und Sterbefällen, sie sehen das Gesamtbild.

Gemäß dieser Sichtweise relativieren sich die Zahlen - wobei sich der verordnete Maskenzwang und alle weiteren Maßnahmen als völlig ungerechtfertigt, unnötig und haltlos herausstellen. Infolgedessen stellt sich die dringliche Frage nach dem tatsächlichen Motiv der Pandemie-Vorschriften und -Verbote. Dazu mehr im weiteren Verlauf.

Es folgt zuerst eine Aufklärung zum Robert-Koch-Institut und zu dem von ihm entwickelten und selbst validierten PCR-Testverfahren für die Feststellung einer Covid-19-Infektion, das weltweit Anwendung findet:

Das RKI:

- Die Zuständigkeit zur epidemischen Feststellung und Bewertung dieser der Bundesregierung angehörigen Einrichtung war und ist fundamentaler Teil der Pandemie.
- Das RKI ist seit je Handlanger deutscher Regime, unter Hitler führte es Menschenversuche in KZ´s durch und ist für den Tod zahlreicher Häftlinge verantwortlich.
- Der Präsident des RKI ist ein rekrutierter Veterinär. Ob sein Chefvirologe eine ordnungsgemäße Dissertation vorlegen kann ist sehr fraglich. Dieser hat bereits 2003 den Ausbruch der Vogelgrippe in Deutschland proklamiert und 2009 die Schweinegrippe zur weltweiten Seuche mit Millionen von Toten erklärt, worauf massenhaft Impfstoff produziert und verkauft wurde. Passiert ist aber nichts, die Seren wurden vernichtet. Doch war dies bereits ein Testlauf zur Feststellung, wie die Bevölkerung auf eine gefährliche Pandemie reagieren würde. Auf die Arbeit dieses zweifelhaften Virologen gründet sich das gesamte Einschränkungs- und Lockdown-Verfahren. Voller Vorfreude bekennt er in einem Interview, dass er sich bereits jetzt auf das nächste weltweite Pandemie-Virus, genannt Mers, vorbereitet.

Dies ist also kein vertrauenswürdiges und kompetentes Institut, wie es uns immer wieder vorgelogen wird, sondern ein wirksames Instrument der Regierung zur Durchsetzung menschenverachtender Interessen.

Der PCR (polymerase chain reaction)-Test:

Dieser vom RKI zur Feststellung von Corona-Viren modifizierte Test ist verantwortlich dafür, dass es eine weltweite Pandemie geben kann und weiter geben wird. Dieses manipulative Testverfahren wurde nicht von Experten gegengeprüft, das hat die Bundesregierung wohlweislich so angeordnet.

Das sogenannte Corona-Virus, das in Wuhan freigesetzt wurde, wurde vom Robert-Koch-Institut nicht isoliert /separiert, man identifizierte nur Sequenzen aus dem allgemeinen Corona-Stamm. Diese sind in allen Viren enthalten, welche die oberen und unteren Atemwege angreifen - sei es eine einfache Erkältung, eine Influenza oder eine Lungenerkrankung.

Da der Test keinen Unterschied zwischen einzelnen Corona-Familienmitgliedern macht, können mit ihm beliebige Ergebnisse erzeugt werden - und je mehr man testet, desto mehr positiv Getestete, genannt Fälle, gibt es, aber vergleichsweise wenig ernsthaft Kranke oder gar Tote.

Dass der Test zweifelhaft ist, zeigen auch seine ungenauen und widersprüchlichen Ergebnisse. So kann es sein, dass, wenn man mit demselben Testverfahren vom gleichen Arzt mehrmals unmittelbar hintereinander getestet wird, man abwechselnd Corona-positiv und -negativ ist.

Und man glaubt es kaum: Ein österreichischer Abgeordneter hat im Parlament vor Zeugen einen handelsüblichen Corona-Schnelltest mit Cola gemacht, das Cola war Corona-positiv. Auch eine Papaya wurde schon positiv getestet.

ary Mullis, der Erfinder der PCR-Technologie, äußert sich ı einem Interview sinngemäß so:

„Man kann PCR nicht falsch einsetzen - es geht um die rgebnisse, um deren Interpretation. Wenn man es richtig nacht, kann man mit der PCR bei jedem fast alles finden ... ... denn es gibt nur wenige Moleküle, von denen man nicht mindestens eines im Körper hat. Und mit der PCR kann man ein einzelnes nicht messbares Molekül zu einem messbaren Molekül amplifizieren, vergrößern oder multiplizieren. Mit dem PCR-Test kann man also eine winzige Menge von etwas nehmen und messbar machen.

Wenn man das Material weniger als 35mal verstärkt, wird niemand positiv getestet. Wenn es 60mal verstärkt wird, wird jeder positiv getestet. Ein positiver PCR-Test sagt also nicht unbedingt aus, ob man infiziert oder krank ist."

Dieser Test stellt aber nicht nur ein wirksames Instrument zur Erhöhung der Zahl der Fälle/Infizierten dar, mit ihm können auch Todeszahlen manipuliert werden.

Denn in nahezu allen Ländern werden zahlreiche Verstorbene auf Corona getestet, und da in vielen von ihnen zumeist harmlose Corona-Viren enthalten sind, werden sie, auch wenn sie z.B. an einem Herzinfarkt, an Krebs, einem Unfall, Mord oder Selbstmord verstorben sind, bei einem positiven Test als Corona-Tote diagnostiziert und in die Statistik der Corona-Todesfälle aufgenommen. Andere Verstorbene werden, wenn sie zuvor schon einmal Corona-positiv getestet wurden, aktuell nicht getestet, so dass sie als Corona-Tote deklariert werden können. Die Fakten dazu sind öffentlich zugängig.

Wie und warum funktioniert das? Die meisten Corona-Patienten sterben in Krankenhäusern. Dort spielt Geld eine wichtige Rolle, denn die Mehrzahl der Kliniken ist abhängig von den Zahlungen der Investitionskosten durch die Länder, sie sind steuerfinanziert/subventioniert - und somit indirekt erpressbar.

Die Befehle zur Fälschung der Todeszahlen kommen demnach von ganz oben. Spielt aufgeklärtes Krankenhauspersonal nicht mit, handelt also im Sinne der Regierung nicht pandemisch korrekt, wird es von Unwissenden und Mitläufern mit Verachtung gestraft, oder gar mit Versetzung oder Entlassung bedroht. Hier spielt Existenzangst eine entscheidende Rolle. Diese Methode wird auch in den Gesundheitsämtern, bei der Polizei sowie in den Bereichen Journalismus, Nachrichten und Medien angewandt.

Zu alledem gibt es keine Instanz, welche die vom RKI veröffentlichten Infektions- und Todeszahlen sowie die für die weltweiten Fallzahlen verantwortliche Johns Hopkins Universität kontrolliert. Von wem auch und wie sollte das möglich sein? Doch werden diese von den Nachrichtenagenturen weltweit verbreitet und von den Medien mit den gleich mitgelieferten Bildern blind gedruckt und gesendet. Sie müssen das Futter essen, das man ihnen vorsetzt, ein anderes haben sie nicht.

Mittlerweile läuft die Corona-Staatspropaganda auf Hochtouren. Auf allen Nachrichtensendern und Fernsehkanälen gibt es Sondersendungen, die Bilder mit überbelegten Hospitälern und ausgelasteten Intensivstationen zeigen. Mit sorgenvollen Gesichtern berichten ahnungsloses Pflegepersonal sowie unwissende beziehungsweise inkompetente weil schlecht ausgebildete Ärzte (von denen es mehr als genug gibt) und korrupte Gesundheitsexperten von einer Notlage nationaler Tragweite und fordern strengere Maßnahmen.

Auch die Radiostationen überbieten sich gegenseitig mit unaufhaltsam steigenden Fall- und Todeszahlen - ohne diese jedoch in Vergleich mit der Anzahl anderer Todesfälle zu stellen; oder zu erwähnen, dass allein in Deutschland täglich ca. 2500 Menschen sterben, und der prozentuale Anteil Corona-Toter - auch wenn deren Zahl künstlich hochgehalten wird - verschwindend gering ist.

Denn dieses Virus kann zwar bei alten und vorerkrankten Personen sowie bei einzelnen Gesunden tödlich sein; im Vergleich mit sonstigen Sterbefällen durch Herzleiden, Krebs, Tumore und ansteckenden Krankheiten wie Influenza, infektiösem Befall von Lunge und Atemwegen sowie weiteren weltweit grassierenden tödlichen viralen Infekten spielt es statistisch aber keine Rolle.

Zur Sicherheit hat man Berichte über Langzeitschäden ins Leben gerufen, die angeblich ganz gewiss kommen werden - obwohl man, wie schon der Name sagt, Langzeitschäden erst nach langer Zeit feststellen kann. Außerdem hat man `herausgefunden´, dass das Virus auch Organe angreift, insbesondere Gehirn und Herz. Ja, wenn man Personen mit Gehirnschäden und Herzerkrankungen positiv auf Covid-19 testet und fälschlicherweise einen Zusammenhang herstellt …

Und was selten erwähnt wird: Es gibt kaum noch Influenza-Fälle. Im Übergang Herbst-Winter und Winter-Frühjahr erkranken und sterben daran in Deutschland jedes Jahr Tausende, über die man selten ein Wort verliert, geschweige deshalb irgendwelche Einschränkungsmaßnahmen verordnet. Tja, das sind jetzt Corona-Patienten und -Tote. Kommt dieses Thema doch zur Sprache, wird darauf hingewiesen, dass wir den Rückgang der Influenza und anderer Atemwegserkrankungen dem Lockdown sowie der Masken- und Abstandspflicht zu verdanken haben.

In Wahrheit sieht die Sache aber anders aus. Denn Lockdown, Kontaktbeschränkungen und Maskenpflicht traten erst in Kraft, nachdem Corona längst abgeklungen war. Rechnet man die Inkubationszeit ein, wird ersichtlich, dass die Pandemie bei Einführung aller Verordnungen sogar schon vorbei war. (Anhand graphischer Darstellungen im Netz leicht nachzuprüfen.)

Zu den Masken: Die handelsüblichen oder selbstgenähten Mund- und Nasenbedeckungen, wie sie allseits getragen werden, und selbst die FFP2 Masken halten keine Viren auf, da sich deren Größe im Nanobereich bewegt.

Das bedeutet im Vergleich: Das Verhältnis Sars-CoV-2 und Maske entspricht etwa dem einer Fliege zu einem Maschendrahtzaun. Man schützt also weder sich noch andere damit. Wenn man sieht, dass Ärzte in den Labors, in den Intensivstationen und selbst die Tester in den Testzentren mit Ganzkörperanzügen, Hauben, Spezialmasken und Brillen bekleidet sind um sich zu schützen, verliert die sogenannte Alltags-Maske jegliche Glaubwürdigkeit.

Doch warum muss sie dann getragen werden? Dies hat physische und psychische Gründe:

Zum einen verursacht das anhaltende Tragen der Maske eine verstärkte Rückatmung von Kohlendioxid und einen signifikanten Anstieg von Co2 im Blut. Diese sogenannte

Hyperkapnie kann zur Einschränkung verschiedener Hirnfunktionen führen, was besonders bei Kindern eine große Gefahr darstellt und Langzeitschäden hervorruft. Auch gibt es inzwischen zahlreiche Berichte von Ohnmachtsanfällen aufgrund von Sauerstoffmangel beziehungsweise Co2-Vergiftung und sogar einige Todesfälle bei Kindern - wobei mit allen Mitteln versucht wird, diese zu vertuschen. Außerdem wird durch das Tragen der Maske das Immunsystem geschwächt, so dass man wesentlich anfälliger für Infektionskrankheiten aller Art ist, insbesondere für virale Infekte. Der Maskenzwang fördert also das weltweite Pandemiegeschehen - und das ist so gewollt.

Ärzte, die Maskenbefreiungsatteste ausstellen oder auf die Gefahren des Maskentragens hinweisen, gehen Gefahr ihre Approbation zu verlieren. Wobei ein Attest in vielen Geschäften, bei öffentlichen Veranstaltungen oder bei Flügen ohnehin nicht mehr akzeptiert wird. Auch kommt es immer wieder zu verbalen und körperlichen Attacken auf Maskenbefreite und auf Personen, die im Wissen um den Irrsinn dieser Maßnahme die befohlene Maskerade nicht einhalten.

Zum andern zwingt die Maske die Bevölkerung, an eine gefährliche Pandemie zu glauben. Sie demonstriert allseits, dass jede und jeder ein gefährliches Virus in sich tragen und verbreiten kann. Die Maske ist ein globales, für jedermann überall und immer sichtbares Manipulationsinstrument - und sie verpasst mündigen Bürgern einen symbolischen Maulkorb.

Die nicht eingehaltenen Abstands- und Maskenverordnungen sowohl bei Black Lives Matter als auch bei den Anti-Corona Demonstrationen haben keinerlei Auswirkungen gezeigt. Hier ist zu erwähnen, dass die offiziellen Teilnehmerzahlen pauschal klein gehalten wurden und werden, obwohl es bei den großen Querdenken-Demos Hunderttausende waren und sind, was man anhand der Bilder leicht nachprüfen kann. Inzwischen beschränkt man die Teilnehmerzahlen per Gesetz oder verbietet Demonstrationen einfach.

Auch die vermeintlichen Massenansteckungen in Betrieben haben sich letztendlich als harmlos herausgestellt, kaum jemand wurde ernsthaft krank; und wurde unmittelbar nachgetestet, waren plötzlich die meisten `Infizierten´ negativ. Angebliche Hotspots oder sogenannte Super-Spreader gibt es nicht und hat es nie gegeben. Sie sind eine Erfindung raffinierter Politiker und deren Berater und kommen nur zustande, da in diesen Örtlichkeiten Massentests mit einem manipulierten Testverfahren durchgeführt werden.

Die Bilder der vollen Intensivstationen mit beatmeten Sterbepatienten, der Reihen von Särgen und die Massengräber haben sich in die Gehirne der Bevölkerung eingebrannt. Inzwischen weiß man aber, dass

- die falsche Behandlung für die meisten Todesfälle der sogenannten ersten Welle verantwortlich ist, denn die künstliche Beatmung durch Intubieren in Verbindung mit einem experimentellen Medikamentencocktail war und ist vor allem bei alten und immunschwachen Personen tödlich. Dies wird jeder kompetente Arzt bestätigen. Trotzdem wird, zum Teil aus Hilflosigkeit sowie aufgrund von Inkompetenz, zum Teil in ärztlicher Fahrlässigkeit und Selbstüberschätzung weiterhin so behandelt.

- in etlichen Kliniken (in Deutschland wurden in den letzten Jahren über 500 geschlossen. Warum wohl?) und anderen Einrichtungen, die ohne staatliche Zuschüsse nicht existieren könnten, Corona als Todesursache angegeben werden soll, auch wenn eine andere Ursache vorliegt.
- in manchen Ländern Ärzte Geld bekommen, wenn sie einen Totenschein aufgrund von Corona ausstellen, auch wenn die Person aus einem anderen Grund verstorben ist. Angehörige werden bestochen, wenn sie damit einverstanden sind. Dafür gibt es zahlreiche Zeugen.
- man nach einer Grippeimpfung anfälliger für Corona ist, obwohl behauptet wird, dass der Grippeimpfstoff auch gegen Corona hilft. Doch die im Grippeimpfstoff enthaltenen (Corona)-Viren bewirken vor allem bei alten und vorerkrankten Personen keine Aktivierung des Immunsystems, sondern eine Schwächung desselben. Und da in Italien für über Sechzigjährige eine Grippe-Impfpflicht gilt und in der Region Bergamo sehr viele alte Menschen leben, gab es dort überdurchschnittlich viele Erkrankte und Tote. Dies ist überall nach den vermehrten Grippeimpfungen der Fall.
- Nachweislich Aufnahmen von anderen Katastrophen zur Corona-Panikmache verwendet wurden, wie z.B. Bilder von Särgen in einer italienischen Kirche, die von einem Schiffsunglück aus 2012 stammten, oder Bilder für Manipulationszwecke extra inszeniert wurden. Zudem hat der zuständige Offizier der Militär-Convoys zugegeben, dass größtenteils leere Särge transportiert wurden.
- es die Massengräber in New York schon immer gegeben hat, worin die Armen und Obdachlosen seit jeher begraben werden.

Vieles mehr könnte man hier noch anfügen; doch nichts davon wird in den Medien erwähnt. Diese Informationen recherchieren investigative und unabhängige Journalisten und berichten im Internet darüber. Doch auch hier wird zensiert und Portale werden gesperrt, denn diese stehen mittlerweile weitestgehend unter der Aufsicht nationaler und internationaler Kontrollmechanismen.

(Faktencheck beziehungsweise Correctiv wurden ursprünglich ins Leben gerufen, um journalistische Irrtümer richtigzustellen und Lügen aufzudecken. Jetzt sind es Propaganda-Instrumente, die Lügen als Wahrheit darstellen und Wahrheit verleumden und verfälschen.)

Indessen wird weiterhin mit zweifelhaften Erkrankungs- und Todeszahlen, die wohlweislich nicht ins Verhältnis der Sterbestatistiken einzelner Staaten gestellt werden, was eine radikale Relativierung der Fälle auch in angeblich stark betroffenen Ländern wie Großbritannien, Spanien, Italien oder USA bewirken würde, Angst und Panik verbreitet.

Schweden ist einen eigenen Weg gegangen und hat seine Bevölkerung nicht zu Tode geängstigt und seine Wirtschaft zugrunde gerichtet. Doch wird dieses Land entweder totgeschwiegen oder es werden falsche Zahlen veröffentlicht. Denn tatsächlich gibt es dort aufgrund der bereits stattgefunden habenden Massenimmunisierung kaum noch Erkrankte geschweige denn Tote durch Sars-CoV-2.

Auch viele afrikanische Länder bleiben von der `Plandemie´ verschont - was nirgends erwähnt wird -, da man dort erstens wenig testet und zweitens Corona-Viren sich bei höheren Temperaturen nicht sonderlich verbreiten.

Da könnte man die Frage stellen: „Was wäre denn, wenn nicht getestet würde? Wenn es den Test nicht gäbe?"

Die Antwort ist ganz einfach: Nichts. Es gäbe zwar offiziell einen neuen Erreger, der zu Beginn des Jahres mehrere Krankheits- und Todesfälle verursacht hat; da aber nach kurzer Zeit die Erkrankungs- und Todeszahlen drastisch gesunken sind, und Corona im Vergleich mit den weltweit grassierenden, viel gefährlicheren Ebola- und Grippeviren sowie anderen immunschwächenden und todbringenden Erregern kaum ins Gewicht fällt, würde man dem Ganzen keine große Bedeutung mehr beimessen. Ja, aufgrund der Harmlosigkeit würde dieses Thema nicht einmal mehr in den Zeitungen und Nachrichten behandelt.

Doch nun stellt man dieses vergleichsweise ungefährliche Virus ins Rampenlicht der Welt und hat eine mächtige mediengetragene Lüge darum errichtet, die genug Energie besitzt und bindet, fast die gesamte Menschheit zu blenden und zu verblenden. Eine Lüge, mit der man in der Lage ist, eine globale Gesundheitsdiktatur im Namen des Schutzes der Bevölkerung und der Nächstenliebe zu errichten.

Denn wie man weiß: Ist eine Lüge nur groß genug und wird ständig wiederholt, werden die Menschen sie glauben.

Hier eine Übersicht der hauptsächlichen Todesursachen in Deutschland. Zum Jahresende 2020 zeigen alle Statistiken, dass es in diesem Jahr keine Übersterblichkeit gibt. Im Mittel der letzten Jahre errechnen sich pro Jahr etwa 950.000 Sterbefälle, das sind ca. 2600 täglich. Nachfolgend ein Durchschnitts-Vergleich übers letzte Jahrzehnt, Corona selbstverständlich nur in 2020 (die Zahlen sind grob gerundet):

- Herz und Kreislauferkrankungen 280.000
- Krebs 210.000
- Schlaganfälle 160.000
- Alkohol und Drogen 50.000
- Atmungssystem 50.000
- Psychische Erkrankungen 40.000
- Gewalt und Unfall 35.000
- Verdauungssystem 25.000
- Nervensystem 25.000
- Stoffwechsel 25.000
- Corona 20.000
- Sonstige 30.000
- Grippe/Influenza 500 - sonst etwa 15000. Wo sind die wohl alle geblieben? Im Jahreswechsel 2017/18 hat das RKI offiziell angegeben, dass es sogar etwas über 25.000 Grippetote wären. Heute wird behauptet, dies sei nur eine Schätzung gewesen und es tatsächlich wesentlich weniger waren. Entweder hat man damals die Zahlen absichtlich erhöht, oder es waren wirklich so viele, dann ist die heutige Aussage eine Lüge.

Bei den Corona-Toten ist zu beachten, dass dies hauptsächlich **mit** Corona und nur zu einem geringen Anteil **an** Corona Verstorbene sind.

Wie geht es weiter? Durch vorerst noch freiwillige Massentests werden künstliche Hotspots generiert, die ein unübersichtliches Abstands- und Einschränkungschaos sowie lokale Schließungen von Gastronomie, Geschäften ect. ermöglichen, die landesweite Lockdowns nach sich ziehen. Dies ist ein wirksames Mittel, um das Wirtschafts- und Finanzwesen komplett herunterzufahren und gesellschaftliche Interaktionen zu zerstören: Der `Great Reset´. Das funktioniert in allen Ländern und wird solange veranstaltet, bis es eine Impfung gibt.

Die wird 2021 kommen und soll bis einschließlich 2022 global durchgeführt werden. Impfverweigerer müssen vorerst weiter Masken tragen und bekommen quasi einen eigenen Lockdown - außer sie entschließen sich, in kurzen Abständen einen Test zu machen, der aufgrund der in nahezu allen Erkältungs- und Grippeerkrankungen vorkommenden Corona-Viren bei vielen sicher einmal positiv sein wird. Dann gibt es zwei Möglichkeiten: In immer kürzeren Abständen wiederholte Zwangsquarantäne oder Impfung.

Da sich die regelmäßig Geimpften wieder uneingeschränkt bewegen, arbeiten und reisen dürfen und bald nur noch zeitweise Masken tragen müssen, werden sich schließlich viele Unentschlossene und Wankelmütige impfen lassen, obwohl sie über die Gefahren aufgeklärt sind. Dies ist durchaus nachzuvollziehen.

(Man sollte auch Kenntnis davon haben, dass im Grippe-Impfstoff Corona-Viren enthalten sind. Wer Grippe geimpft ist, hat eine gute Chance, gemäß des PCR-Tests Corona-positiv zu sein.)

Wissenschaftler, Ärzte und Virologen, die in den Jahren zuvor von Regierungen und in Talkshows als Koryphäen auf ihren Gebieten zu Rate gezogen wurden, und die jetzt über das vergleichsweise ungefährliche Sars-Cov-2-Virus aufklären, die auf die Gefahr des Maskentragens hinweisen und ausdrücklich vor einer entweder zu kurz getesteten extrazellulären oder generell vor einer mRNA-Impfung (genbasierter Impfstoff) warnen, werden nun von den Medien geschmäht und als Verschwörungstheoretiker und Coronaleugner diffamiert. Es findet eine weltweite Hetzkampagne gegen Kritiker der völlig überzogenen Maßnahmen statt. Selbst Professoren renommierter Universitäten, wie z.B. John Ioannidis von der Stanford University, deren Aussagen stets Gewicht hatten und die nun versuchen zu relativieren und aufzuklären, finden kein Gehör.

Wer krank ist und was krank macht bestimmen jetzt ein verirrter Virologe, eine skrupellose Atomphysikerin, ein verlogener Tierarzt, ein arroganter Bankkaufmann, ein größenwahnsinniger Computerspezialist, verblendete und psychopathische Wissenschaftler und Gesundheitsexperten, sowie rückgratlose, bestechliche und machtgierige Politiker, Ärzte und Journalisten.

Die verblendeten Passagiere des irregeleiteten Kreuzfahrtschiffs namens Erde hängen derweil willig am Gängelband der inzwischen regierungsfinanzierten Staatssender sowie der Fernsehanstalten der großen Medienkonzerne, die sich zum Großteil in Händen überheblicher und gewissenloser Individuen befinden. Diese schotten vor der breiten Masse alles ab, was die Pläne einer diktatorischen Machtergreifung gefährden könnte.

Zudem ist es ihre Aufgabe, die Schaulust und Gaffsucht der Bevölkerung mit einer Flut von Quiz-, Spiel- und weiteren Unterhaltungsshows zu befriedigen und sie so im süßen Fernseh-Schlummer zu halten. Propagandistische und suggestive Informationssendungen und Talkshows gaukeln den Massen vor, dass Regierung und Wissenschaft alles richtig machen. Die mediale Unterhaltungs- und Nachrichtenindustrie hat manipulative Hochkonjunktur.

Jedes Jahr trifft sich eine Elite von Milliardären, das sind die CEO´s führender Finanzunternehmen sowie Wirtschafts- und Medienkonzerne, mit den Regierungschefs verschiedener Staaten, den Präsidenten der Zentralbank und der Weltgesundheitsorganisation WHO (die hauptsächlich gesponsert wird von der pseudohumanitären und scheinheiligen Bill-und-Melinda-Gates-Stiftung), Vertretern von Pharmaindustrie und Nachrichtenagenturen, ausgesuchten Wissenschaftlern und anderen einflussreichen Persönlichkeiten in Davos, um sich beim sogenannten Weltwirtschaftsforum - World Economic Forum - (dessen Präsident der Deutsche Klaus Schwab ist) `auszutauschen´.

Hier befindet sich das Planungszentrum für eine globale Diktatur. Hier ist die Schmiede des Antichristentums, hier bündelt und instruiert der satanische Geist seine macht- und besitzgierigen Marionetten.

Im Jahreswechsel 2020/21 geht die `Plandemie´ in die nächste Stufe, denn angeblich werden Mutanten des bisher verbreiteten Corona-Virus festgestellt, die es vermeintlich wesentlicher gefährlicher machen.

Im weiteren Verlauf wird zudem ein neues Virus freigesetzt, da Sars-CoV-2 in Wahrheit nur noch vereinzelt existiert. Die Bezeichnung könnte Covid-20 bzw.-21 oder auch Mers-CoV-... lauten. Die Wissenschaft wird dieses Virus ebenfalls als Mutation des bekannten Corona-Virus feststellen - oder im Falle Mers als andersartiges Virus der umfangreichen Corona-Familie. Der manipulative PCR-Test, der keinen Unterschied zwischen den Corona-Familienmitgliedern erkennt, kann also auch hier weiter angewandt werden.

Die Schuld an der neuen tödlichen Welle wird nicht nur dem mutierten Virus, sondern auch den Masken- und Impfverweigerern, den `Corona-Leugnern´ und `Verschwörungstheoretikern zugeschoben, wodurch die Bevölkerung noch mehr gespalten wird.

Die Etikette Verschwörungstheorie und Lügenpresse wurden in jahrelanger Indoktrination mithilfe nicht beweisbarer Falschmeldungen und absurder Informationen als Ansichten irregeleiteter Spinner (die es natürlich auch gibt) tief im Kollektivbewusstsein verankert, infolgedessen die Allgemeinheit Wahrheit und Lüge in den Berichterstattungen irdischen Geschehens nicht mehr unterscheiden kann.

Ein neues Gesetz `zum Schutz der Bevölkerung´, das sogenannte Infektionsschutzgesetz, welches bereits 2020 erlassen wurde und das in etwa dem Ermächtigungsgesetz des 3. Reichs entspricht, hat das demokratische Grundgesetz endgültig außer Kraft gesetzt. Nun braucht es keine Gerichtsbeschlüsse mehr, um Versammlungen und Demonstrationen zu verbieten und Betriebe zu schließen. Private Bereiche können ohne richterliche Verfügung von Polizei und Militär jederzeit betreten werden, um Hausdurchsuchungen durchzuführen und unliebsame Personen willkürlich zu verhaften. Erstmals wird explizit religiöses Versammlungsverbot erwähnt - man sieht bereits, wohin die Reise geht.

Dabei glaubt die Mehrheit der Bevölkerung tatsächlich, dass ihre Regierungen um ihre Gesundheit und ihr Wohlergehen besorgt sind. Regierungen, die Krieg gegen Teile ihrer eigenen Bevölkerung führen, die Meinungsfreiheit unterbinden, um unter dem Vorwand des Gesundheitsschutzes eine gewissenlose Diktatur zu errichten.

Regierungen wie die deutsche,

- die mehr Geld in die Rüstungsindustrie als ins Gesundheitssystem steckt und so einen unsäglichen Pflegenotstand erzeugt hat;
- die zusieht, wie ihre Rüstungsunternehmen zwei Kriegsparteien mit Waffen beliefert, so dass diese sich gegenseitig abschlachten können - und unterdessen scheinheilig und heuchlerisch Frieden und Gewaltlosigkeit propagiert;
- die zunehmend Rentner in Armut führt beziehungsweise hält und sich nicht ernsthaft um Obdachlose kümmert, aber für das Wohlleben von Asylanten jährlich über 20 Milliarden Euro ausgibt - und für einen europäischen Rettungsschirm für Wirtschaft und Banken hunderte Milliarden übrig hat;
- die kleine Betriebe und den Mittelstand in den Ruin und somit viele Menschen in Verzweiflung, Armut und gar Selbstmord treibt - und zugleich die großen Konzerne und Industrien mit Milliardensubventionen unterstützt;
- die im Zugriff der Lobbyisten marktbestimmender Konzerne nur gemäß Wirtschaftsinteressen agiert;
- die das Versprühen von krebserregendem Glyphosat fördert, welches unsere Nahrung vergiftet und Tiere und Menschen tötet;
- die Genmanipulation erlaubt und so unabsehbare Schäden bei Mensch, Tier und Pflanze erzeugt ...

... dieser Regierung soll jetzt das Heil ihrer Bürger am Herzen liegen? Diese Falschheit funktioniert nur aufgrund der in allgemeiner Desorientierung erzeugten Medien- und Obrigkeitshörigkeit, wodurch die Massen mit Dummheit konditioniert wurden, alles wird blind geglaubt. Zudem sorgt die unaufhörliche Panikverbreitung für Unsicherheit und Angst in der Bevölkerung - und wer in ständiger Angst und Sorge lebt, ist nicht mehr in der Lage Lüge und Falschheit zu erkennen und zu hinterfragen.

Um den `grünen´ Parteien, die im Verlauf der letzten Jahre vorrangig in Europa und da vor allem in Deutschland aufgrund ihrer Führungslosigkeit zu faschistischen Zwecken gefördert und zu einer versteckten linksradikalen Bewegung herangebildet werden konnten, eine größere Wählerschaft zu generieren und somit Mitregierungsrecht zu ermöglichen, hat man eigentlich unhaltbare Umweltproblematiken wie z.B. den Dieselskandal ins Leben gerufen, beziehungsweise den globalen Klimawandel Co2 in die Schuhe geschoben, der sich einerseits aber ganz natürlich vollzieht, andererseits vom staatlich geförderten Geoengineering/Haarp herbeigeführt und gesteuert wird.

Ein schwedisches Mädchen wurde rekrutiert, das als Gallionsfigur des Umweltschutzes dient und so die manipulierte Sichtweise von Kindern und Jugendlichen bündelt. Infolgedessen ist die junge Generation unter dem Deckmantel der Ökologie auch in anderen Bereichen leicht zu beeinflussen und zu führen. Wie Gesundheit wurde auch Umwelt zur Irreführung der Bevölkerung instrumentalisiert. (Was nicht heißen soll, dass man Umweltschutz nicht ernst nehmen sollte; es gibt Bereiche, wo man dringend etwas ändern muss, worauf aber nicht näher eingegangen werden kann, da dieses Thema viele Bücher füllen würde.)

Hier stellt sich die Frage, ob denn alle Regierungsangestellten, Gesundheitsexperten und Abgeordneten in die Hintergründe einer globalen Machtergreifung eingeweiht sind? Nein, beileibe nicht, die meisten sind dahingehend unwissend.

Sie haben rein persönliche Gründe, denn wie im Wirtschafts- und Finanzwesen gibt es auch in Ämtern, Ministerien, wissenschaftlichen Instituten und auf den politischen Bühnen charakterlose Jasager, stiefelleckende Mitläufer, ignorante Egoisten und arrogante Machtmenschen, die alles (mit)machen, um auf der Karriereleiter vorwärts oder ganz nach oben zu kommen. Das war schon immer so und hat sich im Verlauf der Menschheitsgeschichte nicht geändert.

Sie sind die Steigbügel derjenigen, die sich die Hände nicht am Volk schmutzig machen. Hat doch jemand Mut, sich kritisch zu Wort zu melden, drohen Vernichtung der beruflichen Karriere und somit der irdischen Existenz.

Und was ist mit den Staats- und Regierungschefs und deren Ministern? Warum beteiligen sie sich an der Verschwörung? Da gibt es verschiedene Gründe. Zum einen sind da tatsächlich einige wenige Naive und Eingeschüchterte, die der weltumspannenden Verbreitung falscher Krankheits- und Todeszahlen, den manipulierten Berichten und Bildern sowie den Aussagen inkompetenter und/oder korrupter Ärzte und Wissenschaftler Glauben schenken - und die Maßnahmen deshalb anordnen.

Dann gibt es diejenigen gewissenlosen Individuen, die extreme Angst- und Panikmache betreiben, so dass sie noch strengere Auflagen erlassen können, wofür ihnen die eingeschüchterte Bevölkerung sogar dankbar ist. So können sie ihre persönlichen Machtbefugnisse intensivieren und si eine große Wählerschaft für ihre weitere Karriere sichei Doch, wie man sieht, spielen Menschenleben für sie Wahrheit keine Rolle. Das sind Lügner der primitivsten Ar

Des Weiteren gibt es Möglichkeiten der Erpressung. Zum einen sind ganze Länder erpressbar. Dies ist besonders der Fall, wenn ein `Drittland´ hoch verschuldet ist und weitere finanzielle Mittel benötigt - oder Schulden nicht mehr zurückzahlen kann. Hier gibt es starke Abhängigkeiten von internationalen Organisationen wie IWF, Weltbank oder auch von großen Zentralbanken. Ohne das gewünschte Handeln im Sinne der Corona-Diktatoren gibt es keine neuen Kredite - oder bestehende Kredite werden gekündigt.

Außerdem kann man gewisse Staaten beziehungsweise deren Politiker gefügig machen, indem man mit einem Embargo droht. Denn alle Länder sind aufgrund der Globalisierung (weltweite wirtschaftliche Vernetzung) voneinander abhängig.

Eine andere Möglichkeit der Erpressung ist es, dass auf Staatsoberhäupter und Regierungsmitglieder durch die Androhung der Öffentlichmachung sexueller Vergehen oder vertuschter krimineller Delikte Druck ausgeübt wird, oder diese gar mit dem eigenen oder dem Tod von Familienmitgliedern bedroht werden.

Dem großen Aufschrei: „So ein Unsinn, du spinnst ja! Das kann doch nicht sein!“ entgegne ich: Kommen nicht immer wieder nichtkonforme Politiker oder andere unbequeme Personen auf mysteriöse Weise ums Leben? Dem Einwurf „Aber doch nicht bei uns!“ entgegne ich: Erst am 25. Oktober 2020 ist ein bekannter deutscher Politiker namens Oppermann überraschend verstorben. Todesursache seit Wochen unbekannt. Er hatte sich entschieden gegen die Lockdowns positioniert. Auch der deutsche Mittelstandspräsident, der vor dem Bundesverfassungsgericht gegen den Lockdown klagen wollte sowie der aufmüpfige Präsident des Hamburger Hotel- und Gaststättenverbandes kamen kürzlich überraschend zu Tode.

Und wie war das damals mit Barschel, Möllemann, Haider, dem polnischen Präsidenten Kaczynski und John F. Kennedy? So auch geschehen mit anderen unliebsamen Politikern, Regimegegnern und Personen des öffentlichen Lebens, wie z.B. Prinzessin Diana, die mehr ausplaudern wollten als erlaubt. Die Geheimdienste machen es möglich.

Eine weitere Option ist Bestechung. Denn viele Regierungen sind absolut intrigant und korrupt, sonst wären sie niemals an die Macht gekommen. Sie verkaufen und versklaven ihr Volk gerne, wenn ihnen Millionen- und Milliardenbeträge überwiesen werden und ihnen ihre Position auf Lebenszeit zugesichert wird.

Macht ein Land trotzdem nicht mit, wie zum Beispiel Weißrussland, werden Aufstände provoziert - ein bislang weitestgehend friedliches Land wird laut Medienberichten plötzlich von einem Diktator regiert, der sein Volk brutal unterdrückt. Zu diesem Zweck werden Massen von Aufwieglern ins Land geschleust und bedürftige Personen bestochen, damit sie radikal demonstrieren und hetzen. Dass dabei welche verhaftet werden ist nachzuvollziehen.

Diese Bilder werden von den Medien übernommen oder absichtlich falsch interpretiert. Meinungsbildung liegt ja in erster Linie in der Art der Berichterstattung. Aufgrund solcher Falschmeldungen kann der Normalbürger Wahrheit und Lüge nicht mehr unterscheiden.

Und es gibt die Eingeweihten, die Diener und Angehörigen der Schattenregierung. Sie sind die wissenden Vasallen und ausführenden Komplizen der wahren Diktatoren; von diesen wurden sie als Staatsoberhäupter der führenden Nationen sowie als Präsidenten der übergeordneten politischen und gesundheitlichen Organisationen eingesetzt. Zusammen mit den CEO's der führenden IT-, Medien-, Wirtschafts- und Finanzkonzerne bilden sie das globale antichristliche Netzwerk.

Alle hier genannten gewissenlosen Elemente sind die heuchlerischen Pharisäer der Neuzeit. Durchdrungen von Arroganz und Falschheit räumen sie alles aus dem Weg, was ihnen auf ihrem Weg der Machtergreifung und -erhaltung hinderlich ist.

Und selbst wenn so manchen Machthaber und Experten ob ihrer Verwerflichkeit jetzt das Gewissen plagen würde - es gibt kein Zurück mehr für sie, denn sie sind bereits zu weit gegangen. Sie stecken zu tief im Sumpf von Korruption und Lügen, die sie dann zugeben müssten. Diese Blöße geben sich kein Politiker und kein Wissenschaftler. Sie werden einfach stur weitermachen und alle Hindernisse ignorieren. Solange die Medien mitspielen und die Massenverblödung anhält wird das funktionieren.

„Doch werden die Verantwortlichen einst in den Abgrund stürzen, den sie sich selbst errichtet haben", so spricht Gott der Herr. *„Sie werden sich selbst richten im Licht der Wahrheit, das diese Erde bald durchdringen wird, und es wird sein viel Heulen und Zähneknirschen."*

Erste geistige Erläuterung: Die Lügen und Falschheiten der Regierungen und ihrer wissenschaftlichen Vasallen, die irreführende Propaganda in den Medien, die Angst der unaufgeklärten Bevölkerung vor einer erfundenen Pandemie, als auch Sorge und Wut der aufgeklärten Menschen über eine mittels Manipulation und Gewalt erzwungene Weltdiktatur haben die Aura der Erde mit Dunkelheit erfüllt. Dies verstärkt und beschleunigt nicht nur die antichristliche Lawine, sondern bedingt erhöhte aggressive und blind gewalttätige Aktivität der Naturgeister und der verstorbenen erdgebundenen Seelen. Das bedeutet, dass sich Naturkatastrophen häufen werden - und dass der Einfluss negativer jenseitiger Wesenheiten weiter zunimmt, so dass es vermehrt zu Gewaltverbrechen aller Art kommt.

Geistig geöffnete Gotteskinder, die noch keinen festen Stand in Jesus Christus haben, leiden auch darunter; denn aufgrund der jenseitigen Stürme wird es zunehmend schwerer, die aufgebrachten Wogen der Seele zu glätten, den Seelenspiegel zu beruhigen, um in die Stille zu gehen und einen Kontakt mit dem himmlischen Vater herzustellen. Dazu braucht es jetzt einen festen und bestimmten Willen, so dass man den scheinbar wichtigen Ablenkungen und Zerstreuungen, den Täuschungen und negativen Einwirkungen Paroli bieten kann.

Die mit den Asylanten eingeschleusten `Gotteskrieger´ begehen jetzt verstärkt Attentate, dies wird sich in den nächsten Jahren weiter fortsetzen und intensivieren. Die Lügen der Politiker und Medien werden indes immer dreister, die Maßnahmen intensiviert, die Schrauben werden weiter angezogen, um den globalen Kollaps von Wirtschafts- und Finanzwesen sowie gesellschaftlichem Miteinander möglichst rasch herbeizuführen.

Die unverhältnismäßigen und absurden Verordnungen der Regierungen sorgen jedoch für immer mehr Ablehnung und Wut bei der aufgeklärten Bevölkerung, die Konfliktsituationen und Ausschreitungen bei den Demonstrationen nehmen weltweit zu. Dadurch kommt es auch in den `demokratisch´ regierten Ländern zum Einsatz von Schlagstöcken, Wasserwerfern und Tränengas gegen die eigene Bevölkerung.

Eingeschleuste Aggressoren im (rechts)extremen Gewand, die im Sold der Geheimdienste und somit der Regierung stehen, schüren in der Menge zusätzlich Hass und Gewalt. Denn genau das ist gewollt. Jetzt kann man noch rigoroser gegen `Aufwiegler´ und Kritiker vorgehen.

Verhaftete Regimegegner werden nicht wieder gleich freigelassen. Dies wird von der verblendeten breiten Masse befürwortet, da die Repressalien zum Schutz der Bevölkerung, also unter dem Deckmantel der Gesundheit und der Nächstenliebe geschehen.

In regelmäßigen Abständen reduziert man die Tests sowohl bei der lebenden Bevölkerung als auch bei den Verstorbenen und senkt so die Infektions- und Todeszahlen, wodurch es immer wieder zu Entspannungsphasen kommt. Diese sind nötig, um die Menschenmassen zu beruhigen falls sie zu aufgebracht oder gar zu neugierig werden, und somit die Gefahr bestünde, dass die Zahl der Aufgeklärten die kritische Masse übersteigt, was einen Dominoeffekt erzeugen und die diktatorischen Pläne zunichtemachen könnte. Zudem will man mit den sinkenden Fallzahlen zeigen, dass die Maßnahmen greifen und man alles richtig gemacht hat.

Es ist dies also ein psychologischer Akt, der die Hörigkeit und Abhängigkeit der verängstigten Bevölkerung aufrecht erhält und verstärkt. Danach erzeugt man wieder eine neue Welle mit beliebig vielen `Fällen und Todesopfern´.

Ein effektives Instrument zur lückenlosen Kontrolle, um kritische Stimmen auszuspionieren und zu eliminieren, ist das Funknetz auf Basis der Mikrowellen-5G-Technik, die aus diesem Grund gerade weltweit installiert wird (und die angesichts ihrer zerstörerischen Strahlung militärisch als Waffe eingesetzt wird), wodurch totale Überwachung der mobilfunk- und internetabhängigen Bevölkerung gewährleistet ist. Fleißige Drohnen tun ihr Übriges dazu.

Ja, Wissenschaft und Technik haben der Menschheit in wenigen Jahren ungeahnte Möglichkeiten eröffnet. Sie haben die verlorene natürliche seelisch-geistige Vernetzung und Interaktion künstlich in die Außenwelt versetzt. Sie haben den Verlust des geistigen Auges und Ohres durch künstliche Augen, Ohren und Bildschirme ersetzt. Sie haben aufgrund der ihr abhanden gekommenen ureigenen geistigen Fortbewegung materielle Beförderungsmittel aller Art ins Leben gerufen. Sie haben die Geborgenheit der Seele im Göttlichen zu materiell-geborgenem Wohlstandsleben degradiert. Sie haben die Waffen der Seele, die ihr zur Erringung des Sieges über ihre negativen Eigenschaften gegeben wurden, materiell produziert und verwenden sie für mörderische Zwecke.

Doch nun bereitet die Errichtung einer künstlichen Welt der Menschheit den Untergang. Nun dienen Wissenschaft und Technik der Energie, der sie entnommen wurden: Dem gefallenen Geist der Materie: Satan.

Es wird geimpft. Zuerst systemrelevant, dann massenhaft. Offiziell gibt es keinen Impfzwang, doch Impfgegner müssen damit rechnen, dass sie ihre Arbeitsstelle verlieren, Zutrittsverbot zu Geschäften, Altenheimen, Krankenhäusern und sportlichen sowie kulturellen Veranstaltungen (Kino, Theater, Konzerte, Museen, Kirchen usw.) bekommen, ebenso Reiseverbot und Ausgangssperren. Gegebenenfalls werden ihre Zugänge zu Internetplattformen gesperrt, so dass eine weitreichende Vernetzung für sie nicht mehr möglich ist.

Masken- und Impfverweigerer bekommen hohe Geldstrafen aufgebrummt, bei mehrmaliger Verweigerung Haftstrafen in geschlossenen Einrichtungen. Quarantänelager, wie sie bereits in einigen Ländern errichtet werden und die bei uns auch schon in Vorbereitung sind. In diesen `Corona-KZs´ kann man dann unbemerkt pharmazeutische Menschenversuche durchführen. (Nein, ich übertreibe nicht.)

Da fragt man sich: Wird die Mehrheit der Bevölkerung nicht Sturm laufen, wenn harmlose und friedliche Demonstranten, die mit Luftballons und Herzensschildern Freiheit und Frieden proklamieren, verhaftet und eingesperrt werden? Selbst schwangere Frauen und Mütter, die in Sorge um ihre Kinder sind, werden misshandelt und abgeführt.

Ja, wie war das denn vor 80 Jahren? Da hat man auch gerne weggeschaut und sich nicht groß um die Inhaftierung von Juden gekümmert, man hat als gesetzestreuer Bürger lieber denunziert - Hauptsache es ging einem selbst gut. Die Masse Mensch hat sich bis heute nicht verändert.

kommt die Angst, dass man selbst diffamiert und .unziert wird, wenn man `gefährlichen´ Regimegegnern .ıd Impfverweigerern hilft, indem man sie mit Nahrung versorgt oder ihnen Obdach gewährt. Denn wie einst im Nationalsozialismus sowie in Diktaturen generell drohen bei Komplizenschaft empfindliche Strafen.

Die Serum- und Mediengeimpften genießen derweil wieder alle Vorteile des öffentlichen Lebens, sie bekommen ihr altes gottloses `Leben´ zurück, und rennen blind in ihr Verderben. Hier verwirklicht sich Lukas 17:

> „Und wie es geschah zu den Zeiten Noahs, so wird's auch geschehen in den Tagen des Menschensohnes: Sie aßen, sie tranken, sie freiten, sie ließen freien bis auf den Tag, da Noah in die Arche ging und die Sintflut kam und brachte sie alle um. Desgleichen wie es geschah zu den Zeiten Lots: Sie aßen, sie tranken, sie kauften, sie verkauften, sie pflanzten, sie bauten; an dem Tage aber, da Lot aus Sodom ging, da regnete es Feuer und Schwefel vom Himmel und brachte sie alle um. Auf diese Weise wird's auch gehen an dem Tage, wenn des Menschen Sohn soll offenbart werden."

Die weltweiten Lockdowns und die damit verbundenen wirtschaftlichen Folgen treiben die Entwicklungsländer in eine humanitäre Katastrophe. Millionen Menschen müssen nun verhungern, es gibt weitaus mehr Tote als weltweit durch das Virus selbst. Das sind die tatsächlichen Folgen von Corona in den armen Ländern und in den Slums und nicht die Nichteinhaltung der Abstandsregeln und Hygieneverordnungen, wie Medien gerne berichten.

Da hört man Gedanken wie: „Aber das ist ja weit weg, Hauptsache bei uns wirken die Maßnahmen." Wobei man sich die Frage stellen sollte, warum es bei immer stärkeren Maßnahmen immer mehr Fälle gibt. Tja, Obrigkeitshörigkeit und Konformität des deutschen `Gutmenschentums´ sind grenzenlos. Wobei dieser Begriff im Grunde die herzliche Grundgesinnung des von Gott berufenen deutschen Volkes beschreibt, in Egoismus und Materialismus wurde diese Eigenschaft aber in Dummheit und Falschheit verkehrt.

Für die Volkswirtschaft der Industrienationen haben die Lockdowns ebenfalls verheerende Folgen. Aufgrund der schleichenden, aber zuletzt akut einsetzenden Inflation, die einen weltweiten Zusammenbruch des Finanzsystems heraufbeschwört, gibt es gravierende Einschränkungen bei den Sozialleistungen. Renten sowie andere staatliche Unterstützungen und Hilfeleistungen werden schrittweise gekürzt und zum Teil gestrichen. Zudem kommt es zeitweilig zu Versorgungseinschränkungen, da die Lieferketten der Nahrungsmittelindustrie unterbrochen sind, Lebensmittelknappheit ist die Folge.

Warum wird neben dem Gastgewerbe auch der Einzelhandel immer wieder geschlossen? Kleine und mittlere Geschäfte sollen insolvent gehen. Zuletzt soll auch der Großhandel vom marktführenden Global-Player des Online-Versandhandels gefressen werden. Dieser verfügt über ein umfangreiches Sortiment aller benötigten Waren. Nun bestimmt Amazon allein, was man kaufen kann und was nicht. Da jetzt fast alle Einkäufe nur noch übers Internet getätigt werden können, kann jedes Menschen Kaufverhalten bis ins Kleinste kontrolliert werden. Wird jemandem der

Zugang zum globalen Händler gesperrt, ist ihm einkaufen nicht mehr möglich.

Angesichts der enormen Staatsverschuldungen erzwingen die Regierungen Steuererhöhungen sowie Vermögensabgaben und Lastenausgleiche. Derweil erhöhen sich die Abgeordneten ihre Diäten hastig weiter. Da sieht man, wie es mit ihrem Verantwortungsbewusstsein im Bezug aufs Volk bestellt ist.

Schließlich kommt es zu einem globalen Banken- und Finanzcrash. Alles Geld wird entwertet; es erfolgen Schuldenschnitte: Den Bürgern, die ihre Vermögensabgaben an den Staat nicht entrichten können, werden alle Schulden erlassen, im Gegenzug muss man sein gesamtes Vermögen dem Staat überschreiben; zugleich wird ein bedingungsloses Grundeinkommen eingeführt. Bargeld verschwindet, allein Gold und Silber finden als materielles Zahlungsmittel Verwendung. Die neue Währung wird eine digitale sein.

Damit versetzt man Ungehorsamen und Kritikern den Todesstoß. Denn sperrt man ihnen das Konto, sind sie zahlungsunfähig und somit mittellos. Sie können dann auch keine Lebensmittel mehr kaufen.

Um dies zu bewerkstelligen ist es nötig, dass Banken weltweit fusionieren - so dass schließlich nur noch ein marktbestimmendes Finanz- und Investmentunternehmen das virtuelle Geldgeschehen steuert oder zumindest als Dachverband der übriggebliebenen Banken fungiert. Dieser Konzern steht unter der Direktive der Schattenregierung.

Dieses Regierungs- und Banken-Syndikat bildet eine Allianz mit den Big Five: Apple, Alphabet (Google, youtube, Android), Microsoft (Gates hat durch seine Milliardenzuwendungen auch weltweite Befehlsgewalt über das Gesundheitssystem), Facebook (WhatsApp) und Amazon, sowie mit den großen Medien- und Nachrichtenagenturen. Die globale antichristliche Fusion ist erfolgt.

Jetzt kann das diktatorische Regime im Gewand des Weltretters, quasi als neuzeitlicher Heilsbringer und Messias auftreten, um der Menschheit wieder Gesundheit, Arbeit, Wohlstand, `Frieden und Freiheit´ zu bringen - und die Massen jubeln ihm zu. In ihrer blinden Hörigkeit rennen sie jedoch in ihr Verderben.

Ja, die Menschheit hat sich bereits seit mehr als einem Jahrhundert im offenen Käfig neuzeitlicher antichristlicher Machenschaften befunden, doch nun wird die Käfigtüre geschlossen. Dies zu erkennen ist aber die Allgemeinheit aufgrund der staats- und mediengelenkten Massenindoktrination sowie der Gesundheitspropaganda nicht in der Lage.

Allein kleine Teile der manipulierten und verängstigten Bevölkerung erahnen jetzt auch die Hintergründe dieser globalen Verschwörung. Sie erwachen aus ihrer Betäubung, langsam aber sicher wird ihnen bewusst, was Millionen seit Beginn der Plandemie bekannt ist: Es ging nie um ihre Gesundheit, sondern um die Errichtung einer Weltherrschaft durch größenwahnsinnige Individuen.

Wird es tatsächlich soweit kommen? Das liegt einerseits am Widerstand der sehenden Bevölkerung, der sich zum Teil friedlich, zum Teil gewalttätig vollzieht; andererseits spielt das geistige Erwachen der Gotteskinder eine gewichtige Rolle; ihre Gebete und ihre liebenden Gedanken haben die Macht, das Böse im Zaum zu halten.

Obwohl Impfungen in erster Linie für Langzeitschäden (Lähmungen, Gehirndefekte, Narkolepsie, Sterilisierung) verantwortlich sind, werden bei der neuartigen Impfung bereits nach einigen Wochen die ersten Schäden bekannt: Autoimmunerkrankungen verschiedenster Art aufgrund von Gendefekten durch Antikörper/Nanopartikel.

Denn im Gegensatz zur regulären extrazellulären Impfung, die inaktive Erreger in den Körper einbringt, schleusen die mRNA-Impfstoffe den genetischen Bauplan für Erreger-Antigene in menschliche Zellen ein. Diese bauen dann selbst die Antigene zusammen, welche eine spezifische Immunantwort hervorrufen. Dadurch wird zum einen die genetische Trägerstruktur manipuliert, zum anderen weiß man nicht einmal, in welche Zellen die Erreger wandern.

Die nötigen Informationen zur Herstellung dieses lebensgefährlichen Serums wurden zuvor in unzähligen PCR-Tests gesammelt und ausgewertet, so dass ein Impfstoff produziert werden konnte, der ein möglichst breites Spektrum an Geninformation mit einschließt.

Vor allem alte, vorerkrankte und immunschwache Menschen erkranken und sterben jetzt. Dies begründet man mit der raschen Mutation des Virus, worauf man die Abstände zwischen den Impfungen verkürzt, was noch mehr Todesfälle erzeugt. Ein gewollter Teufelskreis.

Diese Vorkommnisse werden aber von den Medien kleingeredet und totgeschwiegen, derweil sie die Selbstverherrlichungspropaganda der Regierung weiter auf Hochtouren halten. Regierungsmitglieder und andere hochgestellte Persönlichkeiten bekommen, wie bereits 2009 bei der Schweinegrippe, einen weitaus ungefährlicheren Impfstoff verabreicht, wenn nicht gar ein Placebo. Selbst der Chef einer Impfstoff-Herstellerfirma gab kund, dass er sich aus Sicherheitsgründen erstmal lieber nicht impfen lässt.

Was man zur neuen Impfung noch wissen sollte: Sie ermöglicht digitale Zertifizierungen, die zeigen, wer sich vom Virus erholt hat, wer getestet und wer geimpft wurde. Diese `digitalen Zertifikate´ wurden in den USA entwickelt und nennen sich Quantum-Dot-Tattoos. Sie sollen es ermöglichen, Impfstatus auf Servern zu speichern.

Die Tattoos werden auf lösliche Mikronadeln auf Zuckerbasis aufgetragen, die einen Impfstoff sowie fluoreszierende Quantenpunkte enthalten, die in biokompatiblen Kapseln im Mikrometerbereich eingebettet sind. Nachdem sich die Mikronadeln unter der Haut aufgelöst haben, hinterlassen sie die eingekapselten Quantenpunkte, deren Muster abgelesen werden können, um verabreichten Impfstoff zu identifizieren.

Übersetzt bedeutet das: Dank der Mikrochipimplantationstechnik können mit jedem Serum Überwachungsmedien im Körper platziert werden, die so gespeicherten Informationen können jederzeit abgerufen werden. Ein injizierter Gesundheits- und Impfpass also, der die Menschheit in zwei Klassen einteilt: In Getestete und nicht Getestete. In Geimpfte und nicht Geimpfte. In ungefährliche und gefährliche Menschen. In Gute und Böse. Wozu diese Technik noch in der Lage ist, kann man sich leicht ausmalen, wenn man weiß, was in einem Chip alles gespeichert werden kann und wofür er sonst Verwendung findet.

Ob diese Methode jetzt schon angewendet wird ist nicht belegt, sie wird aber demnächst sicher Anwendung finden.

Für Seine Kinder hat der himmlische Vater auch eine Impfung vorbereitet, allerdings keine unter Zwang. Er impft ihre Seelen mit göttlichem Schutz, Er impft ihre Herzen mit Seiner Liebe. Sei es, dass Er es so führt, dass sie der Impfung entkommen, sei es, dass Er eine Impfung aus weisen Gründen zulässt. Er wacht über sie, Er hält jedes an Seiner Hand und führt sie Seine Wege, die die Welt nicht kennt. Kann Er doch Seine treuen Kinder bewahren, selbst wenn sie Gift zu trinken bekommen. Mit Ihm und in Ihm sind sie allezeit geborgen, alle Sorge werfen sie auf Ihn.

Die diktatorischen Regierungen gehen mittlerweile mithilfe instrumentalisierter Polizei und Militär vehement gegen Regimegegner vor. Diese werden ohne offizielle Anklage wiederholt verhaftet und eingesperrt. Kritikern und Verlagen werden die Konten gesperrt, wodurch ihnen die Existenzgrundlage entzogen ist; ja, die Tentakel der Regierungen reichen auch ins Bankenwesen.

Bald folgen Zwangsenteignungen mit `vorübergehender´ Internierung in Lager. Die Selbstmordrate nimmt erschreckende Ausmaße an. Aussätzige und Mittellose begehen Plünderungen, weltweit kommt es zu Straßenkämpfen, ganze Stadteile brennen. Aufstände und Bürgerkriege erzeugen anarchische Zustände; in einigen Ländern gibt es Revolutionen, Regierungsmitglieder flüchten, da sie verfolgt werden und ihnen Ermordung droht. Doch Ersatz sitzt längst in den Startlöchern. Der sorgt erstmal für Beruhigung; aber nur kurzfristig, denn bald zeigen die Nachfolger ihr wahres Gesicht: Mit scheinheiligen Phrasen erläutern sie die Notwendigkeit noch härterer Verordnungen und treten somit in die diktatorischen Fußstapfen ihrer Vorgänger.

Falls bisherige Maßnahmen nicht ausreichen, könnte nun Plan B in Kraft treten, um den globalen Katastrophenfall und Ausnahmezustand mit einer zusätzlichen Lüge zu untermauern. Es kommt weltweit in allen Medien: Ein Komet rast auf die Erde zu! Dies ermöglicht eine zusätzliche Verschärfung gesetzlicher Anordnungen und Verbote - und erlaubt uneingeschränkten Zugriff auch von Militär.

Doch ist dies eine absichtliche Falschmeldung. Der Komet existiert zwar, er stellt aber keine Gefahr für die Erde dar. Erst einige Jahre später wird tatsächlich ein Komet auf die Erde zurasen, er setzt den Schlusspunkt dieser Endzeitschlacht.

Während die großen Kirchen im bisherigen Pandemie-Geschehen vatikankonform und/oder rückgratlos beziehungsweise blind den Verordnungen Folge leisteten, klären Freikirchen und christliche Gemeinschaften über das Geschehen auf und beten inniglich für die Menschheit. Sie sind die Arbeiter im Weinberg des Herrn. Sie öffnen orientierungs- und haltlosen, zweifelnden und verzweifelten Menschen Augen, Ohren und Herzen und schenken ihnen Trost und Zuversicht. Freudig verkünden sie das baldige Kommen unseres Erlösers Jesus Christus.

Die Scheidung der Geister in Gute und Böse, in Sehende und Verblendete ist bereits weit fortgeschritten - die Menschheit ist gespalten wie nie zuvor. Doch der Kreis der Liebevollen und Gläubigen ist klein im Gegensatz zur spektakelsüchtigen, egoistischen und von den regierenden Instanzen beziehungsweise Medien manipulierten und aufgehetzten Masse.

Aus diesem Grund wird die Erdbevölkerung Mitte des kommenden Jahrzehnts von weltweiten klimatischen Drangsalen heimgesucht, die sich von Land zu Land unterschiedlich gestalten. Deutschland wird unter anderem von einer Dürre betroffen sein. Flüsse und Seen trocknen aus, Quellen versiegen. Es herrschen große Wasser- und auch Lebensmittelknappheit, da Anbaugebiete nicht mehr bewässert werden können. Aufgrund dieser Vorkommnisse lernen etliche Menschen, demütig und wahrhaftig zu beten. Das wird ihre Rettung sein. Da nun der Glaube in der Bevölkerung zunimmt, fällt wieder Regen.

Wir befinden uns in den Jahren 2024/25. Die ersten 3½ Jahre der siebenjährigen Drangsal sind vorüber. Während dieser Zeit wurde die Armee Gottes ausgebildet, sie ist nun gerüstet zum geistigen Kampf. Sie kündigt das Gottesgericht an, sie verkündigt die Wiederkunft Christi. Nicht wenige finden jetzt durch sie zum wahren Glauben.

Doch die breite Masse verspottet und verlacht die Gotteskinder, die Medien verurteilen die Weltuntergangs-Spinner aufs Schärfste. Der Beginn der Christenverfolgung. Wahrhaftige Christen werden geächtet, denunziert, verfolgt und eingesperrt.

Die Wankelmütigen werden sich jetzt in Angst und Sorge vom Glauben lossagen, denn sie haben kein Fundament in Jesus Christus, sie haben ihr Haus auf Sand gebaut. Sie sind die Jungfrauen, deren Lampen erlöschen. Sie sind diejenigen, die `vom Dach ihres Hauses herunter steigen, um wieder der Materie zu dienen´ (wahren Glauben und wahrhaftige Erkenntnis der Welt zuliebe wieder verlassen).

Und auch die geistigen Häuser der Esoteriker und egoistischen Selbstverwirklicher, die sich in spirituellem Narzissmus suhlen, sowie die der Scheingläubigen, die viel von göttlicher Liebe reden aber eigentlich keinen Gott brauchen oder sich allein durchs Lesen geistiger Kundgaben gerettet glauben, werden in sich zusammenstürzen, und Zweifel und Verzweiflung werden Elend und große Not bringen.

Dies wird die letzte Phase der Scheidung der Geister einläuten. Das Unkraut wird ausgerissen und ins Feuer geworfen. Nun trennt sich endgültig die Spreu vom Weizen. Da gibt es nur noch ein Für oder Gegen die reine Liebe des Herzens (Vater), das Licht des Herzens (Sohn) und die lebendige Kraft des Herzens (Heiliger Geist).

Wie bereits in den Jahren zuvor erfüllt des Vaters Liebe die Herzen Seiner bedrängten und verfolgten Kinder. Die Er in die Gefängnisse führt, verkünden dort Sein Wort und Seine Wiederkunft. Selbst im Angesicht des Todes geben sie Zeugnis von Seiner Treue und Barmherzigkeit. Für die meisten von ihnen spielt es keine Rolle, ob sie im Körper bleiben oder sterben; ja, viele freuen sich, diese Erde als Märtyrer verlassen zu können und in die himmlische Heimat einzugehen. Ihr Leben ist in Gottes Hand, sie vertrauen Ihm bedingungslos. Dies ist die Zeit, auf die sie vorbereitet wurden, sie dienen Gott mit ganzer Seele und ganzem Herzen.

Unterdessen hat der wahre Antichrist ein anderes, allem übergeordnetes Ziel: Während die machtgierigen Teufel in Menschengestalt `nur´ totale Kontrolle über die gesamte Menschheit ausüben wollen, möchte Satan den Glauben an den Schöpfer und Gott in Jesus Christus gänzlich ausrotten. Sein Plan ist es, die Brücke, die Jesus Christus vor 2000 Jahren errichtet hat, zu zerstören. Er möchte das göttliche Erlösungswerk zuschanden machen.

Er möchte diese Erde, die den Sinusknoten des kosmischen Herzens darstellt und somit den Kosmos belebt, vom göttlichen Geist abschneiden; denn das würde nicht nur dieser Erde endgültigen geistigen Tod bedeuten, sondern auch den des gesamten materiellen Kosmos. Und somit wäre das göttliche Erlösungswerk zunichte.

Alle mit Satan gefallenen Geistwesen, aus deren Seelensubstanz das materielle Universum gebildet ist und sich noch bildet, wären somit in Ewigkeit in Dunkelheit und geistiger Kälte gefangen, wären für immer Sklaven satanischer Energie. Mit dieser Erkenntnis offenbart sich die enorme Bedeutung dieses Endzeitgeschehens nicht nur für die Menschheit insgesamt, sondern schicksalshaft für jeden einzelnen Menschen.

Obwohl bereits ein weltweites Erwachen zu sehen ist und in vielen Ländern sich Wahrheit und Liebe gegen die lügnerischen und menschenverachtenden Mächte erheben, spielt Deutschland (der deutschsprachige Raum) im globalen Endzeitgeschehen eine Schlüsselrolle, denn dieses Land ist das Herz dieser Welt und somit der Impulsgeber des Sinusknotens der Schöpfung. Nirgendwo sonst reiben sich die Polaritäten Plus und Minus, reiben sich Gut und Böse so aneinander wie hier, nirgendwo sonst bekämpfen sich liebevolle und lieblose Gewalten in einem so extremen Ausmaß wie in diesem Land, nirgendwo sonst begegnen sich Wahrheit und Lüge in einer solchen Intensität.

Von hier wird das Pandemie-Geschehen aufrecht erha und gesteuert, und hier gibt es ein geistiges Erwachen an keinem anderen Ort dieser Erde. Hier entscheidet si der Kampf zwischen den göttlichen und den satanische Mächten, sowohl auf materieller als auch auf geistiger Ebene. Hier hat Satan seine Dämonen aufgestellt, so dass sein antichristlicher Geist machtvoll wirken kann, und hierher hat der himmlische Vater viele Seiner Getreuen gesandt, auf dass sie als Menschen mit dem Geist der Liebe und dem Licht der Wahrheit diese Mächte bekämpfen.

Vor allem aber findet hier die Wiederkunft Jesu Christi in den Herzen Seiner Kinder statt. Denn der Vater hat die Gnade vom Volk Israel genommen und auf das deutsche Volk übertragen. Seine Erben sind nicht mehr die Juden, es sind Seine in Deutschland inkarnierten Herzenskinder, die das Herz dieser Welt bilden und beleben, die dieses Land zum Zündfunken der Welt machen. Hier befindet sich das geistige Zentrum der Erde, hier wird der Mittelpunkt des neuen Friedensreiches sein, von hier aus wird es sich über den ganzen Erdkreis ausbreiten.

Die Situation spitzt sich in den nachfolgenden Jahren immer mehr zu. Die Verhältnisse sind wahrlich grotesk und absurd:

Auf der einen Seite die von ihren Regierungen versklavte, blind konsumierende Bevölkerung, die nicht nur nicht groß beachtet, sondern sogar befürwortet die Inhaftierung von Christen und Regimegegnern, „denn sie brauchen sich ja nur von ihrem fanatischen Glauben loszusagen, beziehungsweise alle Vorgaben der Regierung erfüllen, dann sind sie `frei´." Auf der anderen Seite die Licht spendenden christlichen Gemeinden, die die endzeitlichen Geschehnisse im Gebet tragen. Unterstützt, angeleitet und angeführt werden sie von der göttlichen Armee. Zusammen verkünden sie aller Welt das Wort Gottes und die Wiederkunft Christi.

Dies Geschehen wird begleitet vom grassierenden Chaos der aus dem Untergrund agierenden Widerstandsbewegungen sowie der länderübergreifenden Kampfhandlungen nichtkonformer Staaten; zudem gibt es nach wie vor große Völkerwanderungen und extreme Naturkatastrophen.

In den nächsten sieben Jahren von nun an (Herbst 2020) gerechnet, wird sich die Neugeburt dieser Erde vollziehen. Von jetzt an in etwa 3½ Jahren, also 2024, wird sich die Zahl der Erwählten 144000 erfüllen. Bis dahin werden ihre Seelen rein gewaschen im Blut des Lammes, so dass sie aufnahmebereit sind, um mit dem Heiligen Geist getauft zu werden. Sie sind die Jungfrauen mit den brennenden Lampen, die in den darauf folgenden 3½ Jahren als Stellvertreter Christi, als Leib Christi über diese Erde gehen und Sein Wort diesseits und jenseits verkünden - und so Ernte halten im Auftrag unseres himmlischen Vaters.

Schließlich kommt es zu einer großen kriegerischen Auseinandersetzung, die durch den Kometen beendet wird. Daraufhin erfolgen der Zusammenbruch des Erdmagnetfeldes sowie die dreitägige Finsternis. Sodann wird die wiedergeborene Erde das Licht der Welt erblicken.

Alles dazu und viele weitere geistige Erklärungen und Offenbarungen findest du meinem Buch \`Ein Crash mit Höchstgeschwindigkeit gegen eine Wand aus Licht und Liebe´.

Nachtrag am 12. 12. 2020

Seit Wochen ist ein Teil-Lockdown angeordnet. Trotzdem berichten die Nachrichten von einer wahren Explosion von Corona-Infizierten. Auch die Zahl der Toten hat sich in den letzten Tagen dramatisch erhöht, inzwischen sind es über 20.000. Krankenhäuser und Intensivstationen kommen an ihre Kapazitätsgrenze. Obwohl die Ministerpräsidenten erst nicht so recht mit den Vorgaben der Kanzlerin mitzogen, überbieten sie sich jetzt gegenseitig mit Forderungen, den Lockdown zu verschärfen, Geschäfte möglichst bald wieder zu schließen. Zudem sollen die Abstandsregelungen intensiviert und eine Ausgangssperre verhängt werden. Plötzlich folgen sie artig; da gab es wohl verstärkten Druck.

Offiziell sind die unachtsamen Bürger Schuld an der Misere; diejenigen die die Pandemie nicht ernst genug nehmen, die sich nicht an die Regeln halten. Vor allem aber sind die `Corona-Leugner´, `Querdenker´ und `Rechtsextremen´ für die unkontrollierte Verbreitung des Virus verantwortlich.

Was sind die tatsächlichen Gründe für die scheinbar dramatische Situation?

- Es wird soviel getestet wie noch nie, dadurch hat sich die Anzahl der Fälle drastisch erhöht. Mit den steigenden Testungen wird die Zahl der Infizierten weiter in die Höhe schnellen.
- Wie jedes Jahr verbreiten sich in der kalten Jahreszeit Grippeviren, sie sorgen für massenhaft Kranke und fordern tausende Tote. In Grippe (Influenza) sind auch Corona-Viren enthalten, diese findet der PCR-Test. Die Grippetoten sind also jetzt Corona-Tote.

- Im Herbst wurden massenhaft Grippeschutzimpfungen vollzogen. Mit diesen erhöht sich die Gefahr an Corona zu erkranken. Dadurch steigt die Zahl der Risikopatienten um ein Vielfaches - und somit auch die Zahl der Erkrankten und Toten.
- Es werden vermehrt Verstorbene auf Corona getestet. Bei etwa 2600 Toten täglich durch verschiedenste Ursachen kann die Anzahl Corona-Toter beliebig manipuliert werden.

Tatsächlich sind die Intensivbetten nur zu einem geringen Teil mit `echten´ Corona-Patienten belegt, von denen die wenigsten sterben - fast alle erholen sich wieder. Sogenannte Infizierte haben zumeist nicht einmal Beschwerden. Tja, früher hieß es gesund, nun heißt es krank ohne Symptome.

Warum wird das Ganze jetzt so forciert? Es gibt einen Zeitplan, der vorschreibt, wann der endgültige globale Kollaps erreicht werden soll, dieser muss unbedingt eingehalten werden. Die Regierungschefs sind angehalten, alle Vorgaben bedingungslos umzusetzen.

So geht die Plandemie in die nächste Runde. Möge Gott diese Erde und ihre Menschen segnen mit Seiner Liebe und Seinem Licht. Möge Er uns beistehen in diesen Jahren der Drangsal. Möge Er uns hindurch führen und beschützen. Und möge Er unsere Herzen erfüllen mit Barmherzigkeit, so dass wir in der Lage sind, Seine Worte zu verwirklichen:

"Liebet eure Feinde; segnet, die euch fluchen; tut wohl denen, die euch hassen; bittet für die, so euch beleidigen und verfolgen, auf dass ihr Kinder seid eures Vaters im Himmel; denn Er lässt seine Sonne aufgehen über die Bösen und über die Guten und lässt regnen über Gerechte und Ungerechte."

Event 201´: Eine sonderbare Pandemie-Übung kurz vor Ausbruch der Corona-Krise

(Aus einem Bericht der deutschen Wirtschaftsnachrichten)

Am 18. Oktober 2019 fand unter Beteiligung von Vertretern und Mitarbeitern der chinesischen Gesundheitsbehörde, des World Economic Forum (WEF), der Bill-und-Melinda-Gates-Stiftung und des CIA in New York die Simulations-Übung `Event 201´ statt. Es wurden ein globaler Corona-Ausbruch und eine weltweite Corona-Pandemie simuliert, die in der Übung zwar in Brasilien statt in China beginnen sollte, aber ansonsten bis ins Detail damit übereinstimmt, was sich ab Dezember 2019, beginnend in der chinesischen Millionenstadt Wuhan, weltweit abspielte und noch abspielt.

Ziel war es, dem offiziellen Internetauftritt der Veranstaltung zufolge, Bereiche zu illustrieren, wo öffentlich-private Zusammenarbeit im Falle einer ernsten Pandemie nötig sei, um weitreichende ökonomische und soziale Folgen abzumildern.

Mehrere Umstände des `Event 201´ erscheinen im Licht der heutigen Corona-Pandemie sonderbar:

Alle drei Veranstalter (Bill Gates-Stiftung, Johns Hopkins Universität und das World Economic Forum) spielen in der jetzigen Pandemie eine wichtige Rolle. Gates ist Hauptgeldgeber der WHO und vieler wissenschaftlicher Forschungsinstitute sowie Finanzier der Produktion von Impfstoffen. Die Johns Hopkins Universität ist jene Organisation, welche die Entwicklung der Corona-Pandemie mit Zahlen unterlegt, die von praktisch allen Regierungen registriert und als

Basis für ihre Entscheidungen herangezogen werden. Beim WEF kommen Wirtschaftsexperten, Politiker, Wissenschaftler, gesellschaftliche Akteure und Journalisten zusammen, um über `aktuelle globale Fragen´ zu diskutieren. Neben Wirtschafts- und Sozialpolitik befassen sie sich mit Gesundheits- und Umweltpolitik. Aha.

Auch der Veranstaltungsort ist bemerkenswert, da New York zu einem sogenannten Hotspot der Pandemie avancierte.

Der Zeitpunkt, an dem `Event 201´ abgehalten wurde, ist ebenfalls interessant. Denn keine drei Monate später grassierte dann tatsächlich die Corona-Welle in China und breitete sich danach über den ganzen Erdball aus. Inzwischen mehren sich Meldungen, wonach die Erkrankung bereits im Herbst 2019 in verschiedenen Ländern aufgetaucht sei.

Erwähnt werden sollte an dieser Stelle auch, dass Angela Merkel drei Monate vor Ausbruch der Pandemie in Wuhan war, von wo aus das Virus sich verbreitete. Unter anderem hatte sie dort einen neuen Standort der Firma Webasto eröffnet. Und genau bei dieser Firma soll es dann die ersten Corona-Fälle im Februar 2020 gegeben haben. Die Mitarbeiter sollen sich, so die Medienberichte, bei einer Kollegin aus China angesteckt haben.

Aufgrund ihrer Verbindungen zu Bill Gates, zur WHO, zur Johns Hopkins Universität sowie zu den Bilderbergern steckt Frau Merkel tief im Sumpf antichristlicher Machenschaften.

Die Bill-und-Melinda-Gates-Stiftung

Der nachfolgende Text bezieht sich unter anderem auf Aussagen von Robert F. Kennedy Junior. Er ist der Neffe des ehemaligen US-Präsidenten John F. Kennedy, der Ende der 1960er Jahre ermordet wurde. Als Rechtsanwalt setzt er sich für Umweltfragen sowie für eine vorurteilsfreie Betrachtung und Beurteilung von Impfstoffen ein. Bei der Großdemonstration in Berlin am 29.8.2020 hielt er vor mehr als 500.000 Menschen, die live oder in Livestreams dabei waren, eine denkwürdige Rede mit den abschließenden Worten seines Onkels: „Ich bin ein Berliner!" Kein Radio- und Fernsehsender durfte von diesem Ereignis berichten.

Bill Gates testete in Indien einen eigens gegen Polio (Kinderlähmung) entwickelten Impfstoff. Dazu übernahm er die Kontrolle über den nationalen Beirat Indiens. Daraufhin wurden alle Kinder unter fünf Jahren geimpft - mit der Folge, dass eine verheerende Impfstamm-Polio-Epidemie einsetzte. Diese lähmte im Zeitraum zwischen 2000 und 2017 fast 500.000 Kinder. 2017 wachte die indische Regierung endlich auf und beendete die Impfkampagnen von Gates.

Ähnliche Projekte scheint es auch im Kongo, auf den Philippinen und in Afghanistan gegeben zu haben. Laut Kennedy waren im Jahr 2018 rund 75 Prozent der weltweiten Poliofälle den Impfstoffen von Gates zuzuschreiben.

Aber es gibt auch Gebärmutterhalskrebs. Dazu wurden von Gates 2014 in abgelegenen indischen Provinzen entsprechende Impfaktionen auf Versuchsbasis gestartet. Es kam zu einer Reihe von schweren Nebenwirkungen, wie z.B. Autoimmunreaktionen und Fruchtbarkeitsstörungen.

In diesem Zusammenhang brachte Natural News im Jahr 2015 einen Beitrag, dessen Überschrift lautete: `Indische Ärzte klagen Bill Gates an, Kinder mit tödlichen humanitären Impfstoffen geschädigt zu haben.´

Aus diesem Grund soll das oberste indische Gericht Untersuchungen ins Rollen gebracht haben, denen zufolge die Gates-Stiftung illegale Impfstofftests in Bezug auf HPV (Papillomviren) an Kindern in Entwicklungsländern durchgeführt hat. Hier wurden gezielt arme Familien, zumeist mit mangelnder Schulbildung, ausgesucht. Im Jahr 2009 waren 16.000 Kinder Opfer dieser Menschenversuche. Viele der Kinder wurden daraufhin kurz nach der Impfung schwer krank und einige von ihnen starben.

Im Jahr 2010 gab es einen Versuch mit experimentellen Malariaimpfstoffen von GSK (Pharmazeutische Forschungs- und Entwicklungseinrichtung, die zu GAVI gehört) in Afrika. Hier starben 151 afrikanische Kleinkinder und über 1000 der Geimpften erlitten schwerwiegende Nebenwirkungen wie Lähmungen und Fieberkrämpfe.

Im Jahr 2013 wurde bekannt, dass die Impfallianz GAVI, die aus Spenden der Gates-Stiftung finanziert wird, nicht zugelassene Polio-Impfstoffe und Fünffachwirkstoffe bei Kindern in Pakistan einsetzte. Viele der Kinder entwickelten eine sogenannte NPAFP (non-polio-acute-flaccid-paralysis), eine Lähmung, die sich klinisch von Polio nicht unterscheiden lässt, aber tödlicher als diese ist.

Der Computerexperte Bill Gates betrachtet Menschen als Maschinen, an denen man nach Belieben herumexperimentieren kann. Seine angeblich humanitäre Absicht, Krankheiten und Seuchen auszurotten, zielt in Wahrheit auf eine Reduzierung der Weltbevölkerung ab. Dass er dies als sinnvoll erachtet, hat er in einem Vortrag selbst bestätigt. Umzusetzen wäre dies unter anderem mit weltweiten, sich ständig wiederholenden Impfkampagnen, wobei der Impfstoff, genauso wie das HIV-Medikament AZT, aufgrund seiner Nebenwirkungen letztendlich tödlich ist, `Wissenschaft und Forschung´ die weiterhin hohe Sterblichkeitsrate aber der heimtückischen Seuche zuschreiben.

Grundsätzlich ist die erwartete Todesrate Geimpfter offiziell mit 0,1% angegeben. Bei einer Impfung der gesamten Weltbevölkerung, wie sie tatsächlich geplant ist, wäre das ein Kollateralschaden von `nur´ 8 Millionen, hinzu kommen Krankheitsfälle, die in die hunderte Millionen gehen. Da bei der neuartigen Sars-Cov-2-Impfung massive Nebenwirkungen eingeplant sind und es aufgrund fehlender Impfstudien weitere unbekannte Komponenten gibt, ist eine Todesrate von mindestens 10% zu erwarten. Endziel ist jedoch eine wesentlich drastischere Dezimierung der Erdbevölkerung.

Warum? Diese ist Voraussetzung für eine kontrollierbare Diktatur, die den antichristlichen Weltbeherrschern und deren Nachkommen uneingeschränkte Befugnisse für alle Lebensbereiche und in allen Lebensbereichen, sowie irdische Ressourcen für immer sicherstellen soll. Das klingt wahrlich unglaublich - und doch ist es so.

Auf die Themen Bevölkerungsreduktion durch künstliche Intelligenz, Transhumanismus, Geo-Engineering, Haarp, Nanotechnologie, Gentechnik, Biowaffen und 5G gehe ich hier nicht weiter ein. Das macht das Buch: `2025 - Das Endspiel´ von Dr. Joachim Sonntag. Darin werden neben realen auch theoretische Entwicklungen in Erwägung gezogen. Nicht für ängstliche Gemüter und schwache Nerven.

Psychologische Kriegsführung - Mind Control

Dieser Text soll ansatzweise die psychologischen Methoden erläutern, wie sie momentan an der Weltbevölkerung angewendet werden. Es handelt sich dabei um systematische Techniken der Wahrnehmungsprogrammierung und Gedankenkontrolle (MK-Ultra). Dieser Technik wurden bisher nur einzelne Personen unterworfen, nun findet sie bei der Gesamtbevölkerung Anwendung.

Eine bewährte Methode des MK-Ultra besteht darin, Kindern Masken über Mund und Nase zu ziehen, um dem jungen Gehirn Sauerstoff zu entziehen, was grundlegende Auswirkung auf die Entwicklung des Gehirns und somit des Denkens hat. Zudem nimmt sie Kindern das Gespür sowohl für die eigene als auch für die Charakteristik und Individualität ihrer Mitmenschen.

Immer wieder betonen Politiker: „... das mit den Masken ist doch nicht so schlimm." Doch der Maskenzwang ist ein zentraler Teil dieses Krieges gegen die menschliche Psyche, dieses Krieges der Regierungen gegen ihre Bevölkerungen. Die Maske entmenschlicht die Menschen, sie macht sie gesichtslos, sie unterbindet die Wahrnehmung kennzeichnender Merkmale des Gesichtsausdrucks, die vor allem für Heranwachsende von enormer Bedeutung ist. Hauptsächlich aber hält sie eine illusorische Pandemie am Leben. Und sie ist ein erniedrigendes Symbol des `Zum-Schweigen-gebracht-werden´.

Um was geht es bei den Maßnahmen des `Social Distancing´? Es geht um Isolation. Die Menschen sollen voneinander getrennt, isoliert, anonymisiert werden. Es soll eine gezielte Monopolisierung allgemeiner Erkenntnis und Beurteilung durch Einschränkung gesellschaftlicher Interaktion stattfinden. Informationen sollen größtenteils nur noch im Schulunterricht, in den öffentlichen Medien oder im Internet aufgenommen werden, und diese werden gemäß den Vorgaben der Regierung zunehmend gefiltert und zensiert.

Infolgedessen ist es möglich, die Meinungsbildung der Jugend (die eine wesentliche Rolle im Hinblick auf zukünftige Vorhaben spielt), sowie die öffentliche Meinung und die Allgemeinbildung einheitlich zu bestimmen. Das Kollektivbewusstsein ist somit umfassend kontrollierbar. Das ist bereits seit längerem der Fall, doch nun gibt es dahingehend keinerlei Einschränkungen mehr, die Kontrolle ist vollständig und absolut.

Reisebeschränkungen und Ausgangssperren dienen zudem zur Entmachtung kritischer Stimmen sowie zur Unterbindung der Bildung und Aufrechterhaltung organisierter Widerstände.

Eine andere Methode des MK-Ultra sind die ständig wechselnden widersprüchlichen und zum Teil absurden Regelungen und Verordnungen, sowie die dauernde Ungewissheit, wie demnächst weiter verfahren wird. Diese Vorgänge basieren nicht auf Unwissenheit oder Inkompetenz; nein, es ist so gewollt, denn es steckt ein psychologischer Plan dahinter. Die Regeln dafür werden nur scheinbar von Gesundheitsexperten aufgestellt, tatsächlich stecken Psychologen dahinter.

Durch die unsinnigen und chaotischen Maßnahmen soll der Bevölkerung jedes Gefühl für Sicherheit und Stabilität verloren gehen, wodurch hauptsächlich negative und traumatische Emotionen erzeugt werden. Zudem kommt es vielfach zu Ängsten und Depressionen aufgrund der ständigen Bedrohung durch ein scheinbar gefährliches Virus oder dass man wegen der Nichteinhaltung unsinniger Verordnungen bestraft werden könnte. Oder wegen der Gefahr, dass aufgrund von Verlust des Arbeitsplatzes oder Schließung des Betriebes die Existenzgrundlage entzogen ist.

Dies ist eine subtile Folter, die gedankliche Erschöpfung und Mutlosigkeit erzeugt. Zwischendurch gibt es immer wieder kleine Zugeständnisse, eine Belohnung für Gehorsamkeit, weil man unten tut, was man oben sagt. So werden Tiere trainiert.

Eine weitere Mind-Control-Technik, die ursprünglich von der CIA als Instrument zur Kontrolle von MK-Ultra-Sklaven der US-amerikanischen Regierung entwickelt wurde, und die nun auf unliebsame Kritiker und Regimegegner angewandt wird, ist Allmachts-Kontrolle: „Du kannst nirgendwo mehr hingehen, ohne dass wir wissen wo du bist."

Diese seelische Erniedrigung erzeugt Angst und Wut. Was ist die Zielsetzung? Hoffnungslosigkeit und Ohnmacht. Unterwerfung und Gehorsam. Komplizenschaft und Denunziantentum.

Das alles ist Teil des Gehirnwäscheprogramms, das nun auf große Teile der Erdbevölkerung angewendet wird. Der Mensch ist also nicht nur physisch vom Staat abhängig, sondern es ist vor allem eine psychische Abhängigkeit aufgrund des Ausgeliefertseins an das Diktat menschenverachtender antichristlicher Mächte.

Kleine Ernährungskunde

Wie passt das Thema Ernährung in eine globale Verschwörungspraxis? Zum einen hat auch die Lebensmittelindustrie großen Anteil an der Verdummung der Menschheit, denn mit ihren süchtig machenden Produkten hat sie sich eine träge und essgierige Anhängerschaft gezüchtet, die ihr freiwillig und gerne überallhin nachfolgt und gedankenlos alles in sich hineinstopft, was man ihr vorsetzt. Und Gedankenlosigkeit sowie Hörigkeit sind grundlegende Voraussetzungen, um allgemeines Verhalten steuern zu können.

Zum anderen habe ich dieses Thema gewählt, um die Erkrankungs- und Todeszahlen aufgrund falscher Ernährung in Vergleich zu setzen mit Sterbefällen von Covid-19 und der Gefahr, durch eine herkömmliche Impfung krank zu werden oder zu Tode zu kommen, was relativ oft vorkommt. Allerdings stellt eine mRNA-Impfung eine viel größere Gefahr dar als eine klassische Impfung, denn aufgrund dieser satanischen Impfmethode werden über kurz oder lang weltweit hunderte Millionen Menschen sterben.

Wie zumeist angenommen, handelt es sich aber bei falscher Ernährung nicht hauptsächlich um den Konsum von Süßigkeiten und Knabbereien, Weißmehl, zuckerhaltigen Getränken sowie zuviel Fleisch- und Fischkonsum von gequälten und antibiotisch beziehungsweise gentechnisch behandelten Tieren als auch dem Verzehr von mit Glyphosat besprühten Pflanzen. Denn da die Gifte Zucker und Transfett, zusammen mit einer chemischen Keule aus Aromen und Haltbarkeitsmitteln, mittlerweile in fast allen vorgefertigten und abgepackten Lebensmitteln vorhanden sind, sind der allgemeinen Toxikose auch in scheinbar gesunden Lebensmitteln keine Grenzen mehr gesetzt. Zudem schaden der übermäßige Verzehr von Milchprodukten sowie die unkontrollierte Verwendung auch angeblich gesunder Öle beim Braten und für Salate dem körperlichen Organismus, denn sie sind primär verantwortlich für die Verstopfung von Arterien, der Arteriosklerose.

Beschäftigt man sich ausführlich mit dieser Thematik, stellt sich schnell heraus, dass 50-60% aller Krankheits- und Todesfälle durch Bluthochdruck, Herzinfarkt, Schlaganfall, Diabetes, Krebs und Demenz aufgrund verkehrter Ernährung zustande kommen. Zudem verändern falsche Nahrungsmittel die Zellstruktur und somit das natürliche Zellwachstum sowie den genetischen Code. Dies führt im Allgemeinen zur Schwächung des Immunsystems (Autoimmunerkrankungen) und zu allerlei anderen chronischen Erkrankungen - auch bei den Nachkommen. Mindestens weitere 10% sterben durch die aufgrund dieser Krankheiten verordneten medikamentösen Behandlung.

In Deutschland ereignen sich demnach etwa die Hälfte aller Todesfälle aufgrund von übermäßigem und verkehrtem Konsum von Nahrungsmitteln und die durch Folgeschäden bedingte Einnahme verschriebener Arzneien. Falsche Ernährung ist also Ursache der meisten Zivilisationskrankheiten und der damit verbundenen Sterbefälle.

Einige wenige Lebensmittelkonzerne haben sich mit kriminellen Methoden ein globales Imperium geschaffen, das es ihnen ermöglicht, dass hauptsächlich nur noch die von ihnen bereitgestellten Produkte in den Supermärkten angeboten werden. Mit immer neuen `wissenschaftlichen´ Erkenntnissen wurden krankmachende Lebensmittel zu gesunden erklärt und süchtig machende einer notwendigen ausgewogenen Ernährung zugeschrieben. Dadurch wurde die öffentliche Meinung in Bezug auf Nahrungsaufnahme dermaßen manipuliert und eine allgemeine Verwirrung gestiftet, dass schädlich und bekömmlich, wertvoll und wertlos kaum mehr unterschieden werden können.

Was soll man dann essen? Auf raffinierte Lebensmittel wie Zucker, Weißmehl und Fertiggerichte sollte man weitestgehend verzichten. Den Verzehr von Fleischprodukten sollte man so gering wie möglich halten. Salz ohne Jod und ohne das Gift Fluor. Gesund sind Vollkornprodukte, brauner Reis, Kartoffeln, Quinoa, Käse aus der Käserei und nicht aus der Fabrik, pflanzliche Vollwertkost, Gemüse und Obst möglichst aus regionalem und gentechnikfreiem Anbau. Ernährt man sich so, beugt man nicht nur lebensgefährlichen Krankheiten vor, es werden auch Selbstheilungskräfte in Gang gesetzt, so dass bereits vorhandene Erkrankungen und körperliche Gebrechen schwinden und verschwinden. Medikamente sind dann nicht mehr oder nur in geringen Mengen nötig.

Zwar sagt Jesus: *„Was zum Munde hineingeht, das verunreinigt den Menschen nicht; sondern was zum Munde ausgeht verunreinigt den Menschen."* Damit zeigt Er aber vor allem an, dass die Seele im Zaum zu halten weitaus wichtiger ist als körperliche Bedürfnisse zu kontrollieren. Wobei im Gegensatz zu den heutigen abartigen Essgewohnheiten die Menschen damals sich noch einfach ernährten.

Licht zum Abschluss dieses dunklen Kapitels

Liebe Geschwister, trotz der eindringlichen Schilderungen derzeitiger und bevorstehender Ereignisse ist dies kein Buch, das Sorge und Angst verbreiten soll. Denn im weiteren Verlauf wird offenbar, dass dies eine Botschaft der Hoffnung, der Freude und der Zuversicht ist. Obwohl es jetzt so aussieht und die nächsten Jahre so aussehen wird, dass das Böse den Sieg erringt, und selbst wenn es scheint, dass alles verloren ist - dann wird unser himmlischer Vater eingreifen und das satanische Treiben beenden.

Sodann wird Er errichten Sein Reich des Friedens und der Liebe, und Lüge und Falschheit werden sich selbst richten im Licht der ewigen Wahrheit. Seine Kinder aber wird Er erfüllen mit Seinem Geist, wie einst die bereiten Apostel erfüllt wurden mit dem göttlichen Geist der Liebe, denn für sie ist jetzt die Zeit der besonderen Gnade. Dessen sind wir gewiss, denn Seine Liebe hat es uns offenbart.

Die bevorstehenden Jahre werden all das bezeugen, was Propheten aller Zeit vorhergesagt haben - und nun entschlüsselt sich die Offenbarung Johannis von selbst.

Je eher man sich entscheidet, sein Leben und das seiner Familie und seiner Freunde vertrauensvoll in des himmlischen Vaters Hände zu legen, desto eher kommt man in den inneren Frieden, den die Welt nicht kennt.

Vor allem können und sollen wir diese Phase des Untergangs der alten Welt nutzen, um uns noch mehr von ihr zu lösen. Für uns sind die nächsten Jahre Instrument zur Zubereitung, um einzugehen ins Herz Jesu. Wir sehen Falschheit und Gewalt, wir erkennen Lug und Betrug; diese Erkenntnis nimmt uns die Liebe zur Welt und lenkt unsere Sehnsucht noch mehr hin zu Jesus Christus. Wir wissen um die Scheidung der Geister, und wir wissen, auf welcher Seite wir stehen müssen, um die Gegenwart Jesu zu erfahren, um in Ihm zu lieben und zu leben. So wird das apokalyptische Geschehen zum Segen für uns Gotteskinder, während es für die der Materie und Eigenliebe Verfallenen zum Gericht wird.

Auf keinen Fall dürfen wir uns vom Strom der Angst und Sorge mitreißen lassen, sondern alles daran setzen, dass wir unseren Vater stetig mehr lieben, auf dass wir die Welt mit Seinen Augen betrachten können. Denn nur dann können wir im Üblen und Bösen das Gute sehen, das göttliche Ziel: Die Erneuerung der Welt im Geiste Jesu Christi.

Dies Gebet soll uns dabei begleiten:

„Lieber Vater, der du wohnst im Himmel, schenk uns tiefen Einblick in Dein Herz, so dass wir Dich als Deine Kinder immer mehr erkennen in Deiner göttlichen Vaterliebe; denn nur so können wir Dir unser Leben ganz und gar anvertrauen und anheimgeben, gleich was auch immer geschehen mag. Auf dass wir bereit sind, wenn Du anklopfst, und Du eintreten kannst in unser Seelenhaus mit all Deiner Vater-Jesus-Liebe."

Corona in irdischer und geistiger Betrachtungsweise

Corona als polares Instrument

In der polaren Welt der Materie ist in allem Schlechten und Bösen auch Gutes enthalten - und alles Gute kann auch zum Schlechten und dem Bösen dienen. Der Satz `Alles hat seine zwei Seiten´ bewahrheitet sich insbesondere auf dieser Erde, wo die Polaritäten Plus und Minus uneingeschränkt wirksam, wo Gut und Böse keine Schranken gesetzt sind.

So auch das Corona-Virus. In seinem positiven Aspekt und höheren Zweck sorgt es mittels der durch seine Verbreitung erlassenen Maßnahmen dafür, dass sich Erde und Atmosphäre erholen können. Bei gutem Willen führt es Eltern und Kinder wieder zueinander, die sich im häuslichen Bereich aus den Seelenaugen und Herzen verloren haben. Bei rechter Sichtweise schenkt es Besinnung und bringt Menschen zum Nachdenken über ihre Wertevorstellungen und Lebensinhalte, denn es offenbart uns unsere Abhängigkeit von all den festgefahrenen Gewohnheiten und materiellen Begierden, die unsere Seelen blenden und binden und uns somit hindern, ins geistige Leben einzutreten. Vor allem aber zeigt es uns, auf welch losem Fundament wir diese Welt errichtet haben.

Im Gegensatz dazu gibt das Covid-19-Geschehen regierenden Instanzen die Möglichkeit verstärkter Machtausübung und Kontrolle über die Bevölkerung. Es gibt der gottlosen

Wissenschaft noch mehr Gewicht, das sie braucht, um ihre Position zu behaupten, zu stärken und nachhaltig Fördergelder zu generieren. Es ist Instrument zur maßlosen Bereicherung gewissenloser Konzerne, die von machtgierigen Psychopathen geführt werden. Es dient als Mittel, um wirtschaftliche Strukturen und Existenzen zu unterminieren und zu zerstören, um langfristige finanzielle Abhängigkeiten zu erzeugen - dies betrifft Einzelpersonen, Betriebe und auch Staaten.

In der Analogie unseres Körpers zeigen uns virale Erkrankungen der Atemwege und Lungen, was wir gerade mit dem Erdenkörper anstellen. Denn wir sind dabei, die `grüne Lunge´ der Erde zu roden, indem wir sie verbrennen; wir verseuchen die Luft und das Wasser. Wir rauben der Erde den Atem, den sie braucht, um uns vernünftig zu ernähren und zu versorgen.

In geistiger Sichtweise dient das Virus mehreren Zwecken. Zum einen ist es ein Instrument zur Scheidung der Geister. Die gutwilligen, wahrhaftigen und gläubigen Menschen werden jetzt verstärkt vom Geist Jesu Christi erfüllt, ihre Seelen erfahren ein erweitertes Liebe-Bewusstsein, sie werden einfühlsamer und selbstloser. Ihre Seelen erblühen im Licht ihres himmlischen Vaters. Die egoistischen und böswilligen Menschen werden zunehmend verhärten, sie werden rücksichtsloser, gewissenloser und skrupelloser. Die Schere von gut und böse sowie von arm und reich klafft noch weiter auseinander.

Das bedeutet, dass die Gutherzigen in Zukunft vermehrt bösen Elementen ausgesetzt sein werden. Dieser Umstand bietet den Kindern der Liebe aber zugleich die Möglichkeit einer raschen geistigen Eingeburt.

Wie soll man sich verhalten? Der Vater sagt, dass wir uns an die Gesetze halten sollen; also, wenn nicht anders möglich, Abstandsregeln und Ausgangssperren beachten und Masken aufsetzen. Wenn man eine Impfung verhindern kann, sollte man das auf jeden Fall tun. Kann man dies nicht, ist es notwendig und wichtig, sich diesbezüglich ganz dem Vater anheimzugeben, wie man das ohnehin in allen Belangen des Lebens tun sollte.

Allein Jesus Christus ist unser Heil und unsere Zuflucht, Er allein erfüllt die Sehnsucht unserer Herzen, Er ist unser Ein und Alles in Ewigkeit!

Entsprechung geistige Welt - materielle Welt bezüglich Corona und Virusinfektionen generell ... und die Folgen

Alles, was sich in der geistigen Welt abspielt, manifestiert sich in der stofflichen Welt, da alles materielle Dasein ein sichtbarer Ausdruck geistigen Geschehens ist.

Nun hat sich das Virus der Gottlosigkeit materiell manifestiert. Gleich wie der Menschen Seelen vom Materialismus und Atheismus und dadurch von Selbstsucht und Lieblosigkeit infiziert und in der Folge erkrankt sind, sind vieler Menschen Körper von Viren verschiedenster Art befallen und dadurch erkrankt.

Die Inkubationszeiten entsprechen dem Gesetz von Ursache und Wirkung auf geistiger Ebene; auch hier tritt ein schicksalhaftes Ereignis nicht sofort nach der Verfehlung oder Missetat in Kraft. Erst wenn sich eine Sünde der Seele bemächtigt hat, da diese nicht bereut und abgelehnt wird, begegnet man in der Folge den Auswirkungen seines verkehrten Verhaltens.

Bereut man und bittet sowohl den himmlischen Vater als auch die Verletzten herzlich um Vergebung, werden eine göttliche Abwehr und Immunität freigesetzt, welche die Seele von sündhaften Viren befreit und ihr genügend Unangreifbarkeit gegen zukünftige Ansteckung durch heimtückische geistige sowie materielle Eindringlinge verleiht.

Wie des Leibes Immunsystem durch allerlei Erkrankungen, zumeist hervorgerufen durch verkehrten Lebenswandel und Umwelteinflüsse, geschwächt ist (in der Summe im vorgerückten Alter vermehrt), so ist der Seele Immunität durch die fehlende Aufnahme von göttlichem Licht und göttlicher Liebe geschwächt (auch hier spielt das Alter eine tragende Rolle, da Denkstrukturen zunehmend verhärten, Konditionierungen nicht mehr so leicht geöffnet und entmachtet werden können), sie kann sich der allgegenwärtigen gottlosen und somit todbringenden Strömungen nicht mehr erwehren.

In der Analogie seelischer und leiblicher Lungenfunktion zeigt uns das Corona-Virus: Wenn von Gott- und Lieblosigkeit infiltrierte seelische Lungen keinen lebenspendenden göttlichen Sauerstoff (Liebe) mehr atmen, so sind in der Folge viral befallene leibliche Atemwege nicht mehr oder nur noch bedingt in der Lage, lebenspendenden irdischen Sauerstoff zu atmen.

Die geplante Massenimpfung offenbart die bereits erfolgte Impfung der Weltbevölkerung mit dem Gift des Materialismus und der Glaubenslosigkeit, das man zu sich nimmt, solange man sich unter Einflussnahme satanischer Energien befindet. Ein medikamentöser Impfstoff mit Erregern zur Immunisierung entspricht den allseits verbreiteten psychologischen, moralischen und ethischen Lehren, darin unsere Seelen scheinbar gesunden, in Wahrheit jedoch vergiftet werden, da sie nicht die Wahrheit Jesus Christus zum Inhalt haben.

Die Mutation des Virus symbolisiert die Anpassung und Tarnung eines eigentlich atheistischen Glaubens mit tolerant-freigeistiger Spiritualität und in vorgetäuschter Nächstenliebe verpackter Eigenliebe, die die Seelen in ständig neuer Verkleidung heimtückisch infizieren und somit die Menschheit vom wahren Glaubensleben abhalten.

Die Tatsache, dass das Virus aus einem wissenschaftlichen Labor stammt, verdeutlicht, dass vor allem Wissenschaften jeglicher Couleur verantwortlich sind für das aktuelle seelisch-geistige Massensterben weltweit, da sie einen Gott nicht (an)erkennen und allein ihrer atheistischen Erkenntnis Wahrheit zuschreiben - und diese als alternativlos verbreiten, um ihre Vorherrschaft zu untermauern. Dadurch wurde `Fortschritt´ zum Meister des geistigen Todes.

Doch zuletzt wird sich eine weltweite Pandemie des Friedens dieses Planeten bemächtigen, ein gutartiges Virus namens Liebe wird sich rasend schnell ausbreiten und die Herzen der Menschen mit Freude und Glückseligkeit infizieren. Das Licht der Wahrheit wird sich als göttliche Korona (Krone) um die Erde legen, sichtbar für alle Wesenheiten der materiellen sowie der geistigen Schöpfung.

Corona-Maßnahmen aus göttlicher Sicht

Um die anschließend angeführten göttlichen Einsichten bezüglich der Maßnahmen in ihrer Radikalität und scheinbaren Schonungslosigkeit nachvollziehen und verstehen zu können, muss man wissen, wie weit sich die Menschheit vom göttlichen Leben entfernt hat. Der Abgrund zwischen Gott und Mensch hat erschreckende Ausmaße angenommen, der Widerspruch zwischen gottgewolltem und menschgewolltem Dasein ist unüberbrückbar. Die Erdbevölkerung hat ihre göttliche Identität in eine satanische verwandelt - durch Verblendung und geistige Blindheit, durch Falschheit und Lüge, durch Hass und Gewalt.

Diese Erde sollte eigentlich ein Schulhaus für Gotteskinder, eine Ausbildungsstätte für zukünftige Götter sein. Doch die Menschheit sucht und findet ihre Lebensfreude und ihren Lebenssinn nur noch in materiellen Äußerlichkeiten und Zeitvertreib, wodurch sie keinen Gott und Schöpfer mehr braucht. Ebenso haben hochmütige und irregeleitete Verstandeswissenschaft sowie egoistische Spiritualität einen (nahbaren) Gott überflüssig gemacht.

Diese Welt ist zu einem Tollhaus und zu einer Mördergrube geworden. Dadurch wurde alles irdisch menschliche Treiben dem Tod geweiht und ist somit Falschheit und Zerstörung untertan. Jetzt ist das Maß voll, das Gott gestellt hat. Das Gericht über die Menschheit hat begonnen, sowohl im Kleinen wie im Großen.

Nun zwingen die Verordnungen und diktatorischen Gesetze die Menschen, sich mit sich selbst auseinanderzusetzen. Sie können nicht mehr vor sich weglaufen, es wurde ihnen der Boden unter den Füßen weggezogen. Gesundheitliche Sorge um sich und seine Lieben sowie existenzielle Ängste bieten ihnen jetzt die Möglichkeit, sich wieder Gott zuzuwenden. Hoffnungslosigkeit und Verzweiflung, Ausweg- und Aussichtslosigkeit haben die Macht, seelische Konditionierungen und Strukturen aufzubrechen, so dass zuvor ungläubige und alles Göttliche verachtende Menschen wieder in der Lage sind, wahrhaft und ernsthaft zu beten.

Obwohl die Einschränkungsmaßnahmen mit Leid und Opfer verbunden sind, von göttlicher Warte aus betrachtet haben sie also erlösendes Potential, denn sie können die Menschheit herausführen aus ihrer materiellen Verfallenheit, so dass sie wieder ins wahre göttliche Leben, in ihre ursprünglich ihnen zugedachte Gotteskindschaft findet, wie es ihre Bestimmung war und ist von Ewigkeit.

Betroffen von den Anordnungen und Verboten sind auch diejenigen, die bereits zu Gott gefunden haben und die längst keine Sklaven der Materie und Diener des Mammons mehr sind. Sie müssen die Zwangsmaßnahmen mittragen, die den Weltverfallenen auferlegt sind. Doch ihnen dienen sie bei rechter Handhabung dazu, sich noch mehr von der Welt zu lösen, sich weiter in ihr Seelenhaus zurückzuziehen, um eine noch innigere Verbindung zum himmlischen Vater herzustellen. Denn man kann nicht zwei Herren dienen, der Welt und Gott.

- Maskengebot: Der Maulkorb ist Symbol dafür, dass die Menschen sich ihrer gottlosen und egoistischen Unterhaltungen enthalten sollen. Wahrhaftige und göttliche Worte haben wir schon längst unter unserem sinnlosen und oberflächlichen Gerede begraben.

- Abstandsregeln: Die befohlenen Abstandsregeln zeugen von der Menschen seelischem Abstand, d.h. ihre Lieblosigkeit untereinander = der Abstand ihrer Herzen zueinander, den sie selbst errichtet haben - auch (generationsübergreifend) innerhalb der Familien.
- Schließung von Gaststätten: Immer raffiniertere Gaumenkitzel sowie Ess- und Genusssucht haben die Seelen der Menschen in ihre Leiber zementiert und somit für weitverbreitete Trägheit und allerlei Krankheiten gesorgt. Die verordneten Maßnahmen unterbinden gastronomische Schlemmerei und Völlerei.
- Schließung von Geschäften: Im Überfluss an Waren, die der Menschheit zu ihrem Wohlleben dienen, braucht sie keinen Gott mehr. Absoluter Materialismus erfüllt ihre Seelen und macht sie zu gierigen und egoistischen Sklaven von Besitztum und der Selbstbefriedigung. Durch Entbehrung wird der Mensch demütiger, zudem gibt ihm die Not seiner Mitmenschen die Möglichkeit zur Nächstenhilfe und -liebe.
- Nahrungsmittelknappheit: Auch hier ist die Not eine gerichtliche Verfügung, auf dass man in seiner Übersättigung einfache Nahrung wieder schätzen lernt, und lernt Verzicht zu üben auf Leckereien aller Art. Der Sinn des Wortes Lebensmittel gewinnt wieder an Bedeutung.
- Verbot von Sport und Fitness: Sport ist zum primären Lebensinhalt Vieler geworden, so dass für Gott kein Platz mehr ist. Im übertriebenen Körperkult verliert sich die Seele im Tod der Materie.
- Verbot von Kultur und Konzerten: Was heutzutage unter Kunst und Kultur verstanden wird, hat mit göttlichen Werten nichts zu tun. Kunst hat die Aufgabe, geistiges

Gedankengut zu vermitteln, Musik soll dem himmlischen Vater zu Ehren erklingen, Texte sollen göttliche Weisheit und Wahrheit offenbaren.

- Schließung von Freudenhäusern, Bars und Diskotheken: Dazu braucht es keine Erklärung.
- Versammlungsverbot - auch in Kirchen: In Versammlungen wird viel geredet und diskutiert, einen tieferen Sinn findet man dort nicht. Nur noch vereinzelt gibt es Kirchen, in denen der Geist Gottes weht. Ansonsten hört man generell immer wieder dieselben leblosen abgelesenen Worte zu lästigen Zeremonien. Dies hat mit wahrhaftigem Gottesdienst nichts zu tun.
- Ausgangssperre - Quarantäne - Reiseverbot: Diese Maßnahmen sollen den Menschen zeigen, dass sie bei sich bleiben, in ihren Seelenhäusern bleiben, in sich gehen sollen, um dort einen Kontakt mit ihrer göttlichen Identität herzustellen.
- Verlust der Arbeit: Geht man seiner Arbeitsstelle verlustig und drohen dadurch große finanzielle Einbußen sowie Existenzverlust, reduziert sich das Bewusstsein wieder auf die wirklich wichtigen Dinge des Lebens. Man verliert sich nicht mehr in ausschweifenden Freizeitgestaltungen und materiellem Darstellungswahn, sondern kämpft ums Überleben. Erst in der Not besinnen sich die meisten Menschen und lernen wieder, wenn auch zuerst nur für sich selbst, zu beten.
- Zusammenbruch von Finanz-, Banken und Aktienwesen: Das weltliche Finanzsystem ist eine gewissenlose Praktik zur maßlosen Bereicherung. Geld regiert die Welt, Geld dient satanischen Energien zur Machtausübung und zur Vernichtung noch vorhandener Menschlichkeit. Geld ist

ein Grundübel dieser Welt; da es aber jedem zur Notwendigkeit geworden ist, hat der Antichrist uneingeschränkte Herrschaft über die Menschheit bekommen.

- Bevölkerungsreduktion durch Impfzwang und diktatorische Staatsgewalt, durch Seuchen und Hungersnöte, durch Naturkatastrophen und Kriege: Der Vater lässt eine Scheidung und Sichtung der Menschheit zu, da ihr Sinn und Zweck des Erdendaseins gänzlich abhanden gekommen sind. Die geistig Blinden, denen Er in den kommenden Jahren die Augen nicht öffnen kann, sowie die argen Missetäter, die ihre Herzen weiterhin fest verschlossen halten, wird Er an andere Orte versetzen und auf jenseitigen Wegen weiterführen. Die Gutherzigen werden entweder Stammeltern der ersten Generationen des Friedensreiches sein oder eingehen ins Himmelreich.

Ja, Gott hat, was Leben und Tod betrifft, eine etwas andere Sichtweise als der Mensch. Er sieht das Ganze, wir nur einen winzigen Ausschnitt unserer Existenz. Ein neues Zeitalter erfordert außergewöhnliche Maßnahmen, die einen Neubeginn im göttlichen Sinne ermöglichen.

Trotz der Einsicht in eine gewisse Notwendigkeit der Maßnahmen ist mein Herz erfüllt von Mitgefühl und Mitleid für die Betroffenen und Geschädigten, für die Sorgenvollen und Verzweifelten; genauso wie Gottes erbarmungsvolles Herz mitfühlt und mitleidet - und bereit steht, jederzeit denen Hilfestellung zu leisten und die zu trösten, die sich für Seine Liebe öffnen.

Denn es ist nicht Er, der die schicksalshaften Ereignisse bewirkt, wir sind es selbst. Wir haben uns durch unsere verkehrte Lebensweise in diese tragische Situation hineinmanövriert. Der Vater benützt jetzt die satanischen Gegebenheiten, um uns wieder aus dem Sumpf zu ziehen, bevor wir darin zu ertrinken drohen. Er wird Not und Drangsal, verursacht durch Teufel in Menschengestalt, solange zulassen, bis die Völker sich besinnen und eine gewisse Anzahl Menschen wieder ernsthaft beginnt zu beten, bis der Glaube an einen Schöpfergott und himmlischen Vater wieder ersteht in den Herzen der berufenen Kinder dieser Schöpfung.

So ist nun die Zeit der Wandlung gekommen. Jesus Christus kommt wieder und mit Ihm wird sich Wahrheit auf diese Erde senken und alle Lüge durchdringen. Und alles Böse und alle Falschheit wird zuschanden werden im Licht der ewigen Wahrheit. Und Gott wird sich offenbaren in all Seiner Macht und Herrlichkeit. Und Friede wird sein auf Erden für lange Zeit.

Zeitpläne

Ende dieses Zeitalters

Wir sind am Ende einer Zeitepoche angelangt. Die Wiederkunft Christi steht bevor. Beziehungsweise ist Er schon da, doch dies nehmen allein Seine erwachenden und erwachten Kinder wahr. Für die gefallene Welt wird Sein Erscheinen ein plötzliches sein.

Was bedeutet das nun für diese Erde und für die Menschheit? Im Licht Gottes zeigt sich, dass die materielle Welt nicht die Realität darstellt, die sie vorgibt zu sein. Sie ist nicht wirklich, sondern nur eine zeitliche Erscheinung. Da sie aber vortäuscht, an sich real und lebendig zu sein, und somit dem Menschen vorgaukelt, dass mit dem Tod jegliche Existenz endet, ist sie eine Falschheit, eine Lüge.

Lebendige Realität, Wahrheit und Wirklichkeit stellt allein der Geist Gottes dar; er ist das Fundament der Schöpfung, er durchdringt und erhält alles. Wahr ist allein das geistige Leben im materiellen Dasein, lebendig ist allein Gott in der Seele der Erde und des Menschen.

Da diese Welt eine Lüge darstellt, kann ihre Bevölkerung, wenn sie ihr Bewusstsein der materiellen Welt anheimgibt und sich somit mit Leib und Seele der Materie ausliefert, nur in der Lüge existieren.

Materialismus kann niemals Wahrheit offenbaren. Alles, was unser Meinungsfundament bildet und erhält, ist auf Lüge gebaut. Alle Politik, Wissenschaft und Wirtschaft hat sich im Labyrinth verkehrter Erkenntnisse und Falschheit verirrt. In seiner materiellen Verfallenheit hat der Mensch eine Welt voller Lieb- und Gewissenlosigkeit, voller Herrschsucht und Gewalt, voller todbringender Errungenschaften erschaffen. Die Geschichte beweist es.

Am Ende dieses Zeitalters wird dies jetzt schonungslos offenbar. Der Vater lässt es zu, dass der Vorhang der Falschheit sich öffnet und sich bereits geöffnet hat, so dass alles Böse zum Vorschein kommt, sich entblößt und zeigt in seiner bislang verborgenen Gestalt, in der es nun eine gewisse Zeit machtvoll wirken kann. Erst dann wird der Lügengeist mitsamt seinen Vasallen ins Licht der Wahrheit gestellt und entmachtet.

Als Seine Kinder können wir uns jetzt unter unseres himmlischen Vaters besonderen Schutz und Schirm stellen. Er sagt, dass, je weniger wir Teilhaber gottloser irdischer Gedanken und Taten sind, desto leichter Er uns beschützen und führen kann. Je mehr wir Ihm vertrauen, desto mehr kann Er Sich in uns offenbaren und dadurch unsere Seelen mit Licht und Liebe erfüllen.

Wenn wir die Welt lassen und Ihm unser Leben wirklich anheimgeben - auch in und mit der Bitte, dass Er uns womöglich vor der Impfung sowie anderen Repressalien und Nöten bewahren möge, dann kann es also geschehen. Und sollten wir zwangsgeimpft werden, können und sollen wir Ihm unsere Gesundheit anvertrauen - und zwar frei von Angst und Sorge. Ja, frohe Kinder sollen wir sein, gleich, was geschieht, denn Sorge, Angst, Zweifel und Verzweiflung öffnen Satan die Tür in unser Herz.

Satan spricht: *„Wenn du in Sünde lebst, darfst du Gott nicht lieben."* Das ist eine Lüge. Erst die anhaltende Liebe zum himmlischen Vater eröffnet uns Seine Barmherzigkeit und

Vergebung. Nur Er kann uns aus dem Sumpf ziehen und rein waschen von Sünde. Auch wenn wir noch in Sünde leben und in manchen fleischlichen Schwächen gefangen sind - das darf uns nicht abhalten zu beten und Ihn zu lieben, denn nur Er macht uns frei.

Sein Herz ist für uns geöffnet weit, Sein Wort erschallt über diese Erde: *„Meine Kinder, kommt alle zu Mir, die ihr mühselig und beladen seid, Ich will euch erquicken!"*

Liebe Geschwister, viele von uns sind von den Sternenwelten und aus den Himmeln hierhergekommen, um in dieser Zeit der Erneuerung Gott zu dienen. Wir wurden eingewiesen und vorbereitet. Das müssen wir uns stets bewusst machen. Zuerst im Glauben an den Vater in Jesus Christus, dann in der Gewissheit durch die Liebe zu Jesus Christus. Auch sollen wir uns stets vors Herz halten, dass diese Erde nicht unsere Heimat ist. Wir sind hier, um uns zubereiten zu lassen für unsere himmlische Heimat im Dienst der göttlichen Liebe und Barmherzigkeit.

Der himmlische Vater sei unser aller Licht und Leben, Er erfülle unsere Herzen, Er behüte und beschütze uns, Er sei unser Ein und Alles.

Zeittafel

Vor 6000 Jahren wurde die heutige Menschheit begründet. Vor 4000 Jahren reinigte der himmlische Vater die Erde mit dem Wasser der Erbarmung, denn die Menschen verspotteten und verschmähten Ihn. Vor 2000 Jahren kam Er als Jesus Christus auf diese Erde, um der gottverlorenen Menschheit eine Brücke in Sein Herz und Heim zu bauen.

Jetzt kommt Er wieder, um die Erde zu erneuern und das 1000jährige Friedensreich zu begründen.

Das sind insgesamt 7000 Jahre, entsprechend den 7 Schöpfungstagen. Entsprechend den 7 Wochentagen mit dem Sonntag als Ruhetag (1000jähriges Friedensreich); entsprechend den 7 Geistern Gottes. Erst im Anschluss an das kommende Friedensreich beginnt die zeitlose göttliche Epoche, in der sich Himmel und Erde vereinen und in der die Menschheit in Gegenwart ihres himmlischen Vaters leben und wirken wird.

Wir befinden uns also derzeit in den letzten 7 Jahren des sechsten Jahrtausends der Menschheitsgeschichte, die begann mit der Erschaffung des ersten Menschenpaares.

Mit diesem Jahr 2020 beginnt das erste von 7 Jahren der Drangsal. Diese teilen sich in 2 x 3½ Jahre. Die ersten 3½ Jahre dienen der intensiven Zubereitung und Festigung der Gotteskinder im göttlichen Geist, aber auch zur weiteren Offenbarung der Liebe Jesu im offenen Kampf und stillen Gebet. In der zweiten Hälfte der 7 Jahre werden diese Erwählten ihre Arbeit apostolisch aufnehmen - sie sind der Leib Jesu Christi.

Der Vater sagt, dass jeder Mensch, der in sich den Drang und die Sehnsucht verspürt, Teil dieses Leibes zu sein, Teil dieses Leibes sein kann und wird, wenn er oder sie sich bedingungslos von Ihm zubereiten lässt. So werden die Berufenen zu Auserwählten, denn nichts ist festgelegt, keiner Seele wird verwehrt, mit Leib und Seele Gott zu dienen.

Es liegt an jedem Einzelnen, inwieweit er oder sie bereit ist, sein irdisches Leben dem himmlischen Vater anheimzugeben, um göttliches Leben zu empfangen.

Eine Vision

Der Vater zeigt mir, wie es sich mit Satan verhält. Seit Beginn des 20. Jahrhunderts hat dieser gefallene Geist große Freiheit erhalten, doch noch war sein Einfluss in gewissen Grenzen gehalten. Anfang 2000 wurden die Zügel weiter gelockert und ab 2020 ist er nun ganz frei. Er darf jetzt schalten und walten nach Belieben. Nicht, dass er selbst Gewalt ausübt, nein, er breitet aber ein großes Energietuch der Verblendung, Lüge, Falschheit und Gewalt über diese Erde aus und hat es bereits getan. Seine teuflische Energie durchdringt somit alles ihm entsprechende Denken und macht es uneingeschränkt satanisch. Seine Dämonen sind inkarniert, sie sitzen in vielen führenden Machtpositionen, sie haben das Steuer des Erdenschiffes fest in Händen und lenken es geradewegs auf einen Abgrund zu.

In ihrer Angst vor einer illusorischen Pandemie, ihrer unsäglichen Blindheit sowie naiven Obrigkeitshörigkeit ist die Mehrheit der Erdbevölkerung diesen Wölfen im Schafspelz, diesen vermeintlichen Weltverbesserern und scheinheiligen Menschenfreunden auf Gedeih und Verderb ausgeliefert. Jetzt können Verstand und Vernunft der Menschenmassen in jede beliebige Richtung gelenkt werden, da satanische Meinungsbildung fest im globalen Kollektivbewusstsein verankert ist. Die politisch korrekten und gesetzestreuen Bürger wurden zu pandemisch korrekten Parteigängern erzogen.

Nun werden diejenigen, die politisch, pandemisch und religiös nicht regierungskonform denken, wollen und handeln ohne Gewissensbisse als Verräter der `Freiheit´ diffamiert und verurteilt, als Verbrecher gegen die Gesundheit ihrer Mitmenschen denunziert, verfolgt und angeklagt, oder als fanatische Anhänger endzeitlichen Sektentums allseits geächtet, verspottet und öffentlich gedemütigt.

In diesem Sinne bereiten sich die Menschen ihren Niedergang selbst. Aufgrund ihrer Verblendung und Boshaftigkeit tragen sie die volle Verantwortung für die apokalyptischen Ereignisse dieser Tage, die sie schließlich ereilen und die ihr `Jüngster Tag´ sein werden, nämlich ihr Todestag.

Den Untergang der jetzigen Welt, verursacht durch den Kometen, den dadurch bewirkten Polsprung sowie die drei Tage der Finsternis werden nicht alle Gotteskinder erleben oder überleben; ja, einige dürfen schon bald diesen Planeten verlassen und eingehen in ihre himmlische Heimat. Doch viele Treue des Herzens Jesu werden in die neue Zeit hineingehen. Sie sind die Gründer einer gottergebenen Zivilisation und Stammeltern der folgenden Generationen. Mehr dazu in

Abstandsregelung von Notzeiten

Es gibt verschiedene Gründe für den Zeitpunkt des Weltengerichts, beziehungsweise sind die Abstände zwischen einzelnen Drangsalszeiten so bemessen, dass jede Generation eine Phase der Not durchleben muss. Nahezu jeder Mensch muss also zumindest einmal in seinem Erdenleben eine bittere Zeit mit Krieg, einer großen Naturkatastrophe oder einer schweren Krankheit erleben. Das war im Verlauf der Geschichte schon immer so.

Diejenigen, die die Schrecken des 2. Weltkriegs noch umfänglich erfahren haben, sind bereits durch eine Notzeit gegangen, aufgrund dessen die meisten von ihnen die große

Drangsal sowie die Not des apokalyptischen Geschehens nicht mehr sehen; sie haben diese Erde bereits verlassen oder dürfen dies jetzt und bald tun. Deshalb sind es hauptsächlich alte Menschen, die aufgrund von Corona und der damit verbundenen Umstände verstorben sind oder demnächst sterben - oder eben vorerkrankte Personen, die ebenfalls schon eine Leidensphase hinter sich hatten oder haben.

Manche dieser Leidensgenossen beenden ihr Erdendasein aber erst in den letzten zwei oder drei Endzeitjahren oder gar während der dreitägigen Finsternis. Sie haben also noch an der weiteren Drangsal Anteil, müssen jedoch nicht am Wiederaufbau zerstörter Städte und Infrastrukturen mitwirken - was aufgrund des Krieges sowie dem nahen Vorbeiflug des Kometen und den damit verbundenen Katastrophen der Fall sein wird -, das haben sie im vorigen Jahrhundert nach dem 2. Weltkrieg schon getan.

Da der Feind aus den Himmeln aller Voraussicht nach im Spätherbst 2027 kommt, werden dieses Ereignis nur wenige über 88jährige erleben - diese Zahl ist mir mitgeteilt. Doch bieten die endzeitlichen Geschehnisse der fortgeschrittenen Generation die Chance, ihr von Gott vorgegebenes Lebensziel zumindest noch annähernd zu erreichen, denn die himmlische Gnade ist in dieser Zeit außerordentlich wirksam.

Vor allem ab Weihnachten 2020 wird die göttliche Einstrahlung enorm verstärkt. Die Voraussetzung, um diesen Segen empfangen zu können, ist ein offenes, liebevolles und vor allem angst- und sorgenfreies Herz. Diesen Zustand erreicht man am besten in der hingebungsvollen Liebe zu unserem himmlischen Vater in Jesus Christus.

Temporäre Abfolge geistiger Schauungen

Nicht selten ist es der Fall, dass von Gotteskindern geschaute Visionen von diesen als zeitgleiche oder zeitnahe Geschehen eingestuft werden, obwohl die Ereignisse in Abständen von einigen Jahren oder gar Jahrzehnten stattfinden. Grund: Da geistige Vorgänge nicht der Zeit unterliegen, erfährt das Medium diese in Gottes Allgegenwart, beziehungsweise hat es dahingehend Einblick.

Kennt man aber die Notwendigkeit gewisser temporärer Zyklen aufgrund materieller und seelischer Erlösungsprozesse sowie entwicklungsbedingter Scheidung der Geister, relativiert sich das gegenwärtige geistige Schauen in zeitlich bedingte Abfolgen mit zwangsläufigen Abständen.

Und im Fall der Visionen, die endzeitliche und apokalyptische Ereignisse beinhalten, sind es etwa sieben Jahre.

Wieso etwa? Der Vater wird die Zeit abkürzen/beenden, wenn Gefahr besteht, dass einer großen Anzahl Christen, die bereits an Seiner Hand geht, infolge seelischer und körperlicher Zwangsmaßnahmen und Gewalteinwirkung die Liebe zu Ihm geraubt wird; oder dass mit einigen Wahrheitsaspekten gespickte geistige Irrlehren oder gar falsche Christusse viele Gotteskinder aus dem wahren Glaubensleben entführen. Er wird aber die Zeit verlängern, wenn die Möglichkeit besteht, dass bislang verlorene und unentschiedene Kinder noch die Arche Seines Herzens besteigen.

Allein Gottes barmherzige Liebe bestimmt den Zeitpunkt des allerletzten Geschehens, Er hat allezeit das letzte Wort.

So manches zukünftige Ereignis ist bereits offenbar in den geistigen Bereichen. Viel Arges wird noch geschehen - aber auch viel Gutes. Zu guter Letzt wird die Decke der Dunkelheit von dieser Erde genommen und das Licht der Wahrheit wird sie und ihre Bewohner durchdringen; den einen zur Erlösung, den anderen zum Gericht.

Und obwohl oder gerade weil Satan freie Hand hat und uneingeschränkter Herrscher dieser Welt sein darf, rüstet sich Gottes Armee zum Kampf und Teile davon haben sich schon gerüstet und sind lichtvoll tätig. Viele ihrer liebevollen Gedanken und Gebete erhellen die Dunkelheit und hinterlassen bleibende Lichter - zum Verderben der Lüge und somit zur Abmilderung satanischer Kräfte.

Ja, Jesus Christus braucht viele Fürbitter, die geistige Einstrahlung ermöglichen - Fürbeter für alle Menschen, sowohl für die guten als auch für die bösen.

Liebe Geschwister, wir kämpfen einen geistigen Kampf, dessen Realität wir uns nicht immer bewusst sind. Doch dieser Kampf ist wirklicher als die materiellen Kämpfe und Kriege. Jeder liebevolle und barmherzige Gedanke, der aus unseren Herzen in die Dunkelheit dringt, hat Macht, diese mit Licht zu erfüllen. Jeder Gedanke der Liebe, gesandt zu den Missetätern dieser Zeit, sammelt glühende Kohlen über ihren Häuptern, die zu gegebener Zeit mit lichten Funken ihre verhärteten Gewissen befeuern und erweichen. Und je mehr Liebe zu Jesus Christus im Gebet enthalten ist, umso mächtiger ist es. Das ist unumstößliche Realität, das ist göttliche Wahrheit, dessen müssen wir uns sicher sein.

Geistige Einsichten

Schwere Geburt

In den diesseitigen Schöpfungsräumen nehmen viele lichterfüllte Wesenheiten verschiedenster Gestirne die materiellen und geistigen Geschehnisse dieser Erde wahr. Sie beten für uns, sie senden uns Licht und Liebe. Und bisweilen geben ihnen medial veranlagte Personen die Möglichkeit sich kundzutun, um geistig hilfebedürftige Menschen auch in der hör- und sichtbaren Dimension zu unterstützen.

Doch nicht nur Bürger des Diesseits, auch Jenseitsbewohner spüren, dass sich auf dieser Erde etwas Außergewöhnliches ereignet - und vermitteln entsprechende Botschaften. Manche dieser Kundgaben sind tatsächlich göttlichen Ursprungs, sie sollen die Erdbevölkerung warnen und vorbereiten auf das Kommende. Ihre Überbringer sind Boten des Lichts und der Liebe, die einen Gottesauftrag erfüllen.

In den Sphären verstorbener verblendeter und böser Seelen werden heftige Stürme entfacht, gewalttätige Horden ziehen über die verdunkelte Erde und verstärken zum einen die Gewissenlosigkeit und Boshaftigkeit diesirdischer antichristlicher Mächte, zum anderen verführen sie labile und psychisch belastete Personen zu Morden und Attentaten.

In den etwas lichteren, aber von Eigendünkel und Stolz getragenen Sphären kursieren aufgrund der spürbaren Bewegungen geistiger Kräfte die verschiedensten Spekulationen über das Endzeitgeschehen. Diese oft in Halbwissen und Wichtigtuerei gefangenen Geister vermitteln in ihren

Kundgaben durch hellhörige und/oder hellsichtige Personen jedoch keine umfassende Erkenntnis und Einsicht, sondern stellen die Welterneuerung zumeist ihren Wünschen und Phantasien gemäß dar. Sie berichten von Außerirdischen, die in Raumschiffen kommen um die Menschheit zu retten; oder verklären das Geschehen und machen aus einer schweren Geburt eine gewaltlose Transformation in eine höhere Dimension, ein Volksfest mit Engelsgesang, Harfenmusik und automatischer Erleuchtung. Damit machen sie sich Lieb Kind bei geistig bequemen und sensationslüsternen Menschen, die daraufhin bald alles glauben, was ihnen an Scheinheiligkeit verkündet wird.

Dass eine weltweite Reinigung mit viel Opfer notwendig ist, und danach ein mühsames und mit viel Anstrengung verbundenes Errichten einer neuen Zivilisation erfolgen muss, die sich die neue Geistigkeit erst zu eigen machen und in der weiteren Epoche kontinuierlich fortführen muss, hat in solchen medialen Botschaften keinen Platz. Ebensowenig passt in die spirituellen Lehren und Kundgaben verblendeter Geistwesen, dass Jesus Christus der Vater und Schöpfer allen Lebens ist und den geistigen Mittelpunkt nicht nur dieser Erde, sondern der gesamten Schöpfung darstellt. Sie stellen Jesus auf eine Stufe mit aufgestiegenen Meistern oder machen aus ihm bestenfalls einen Avatar unter vielen.

Deshalb ist es dringend notwendig, auf festem christlichem Fundament zu stehen, das im Bewusstsein errichtet ist, dass Jesus Christus der einzig wahre Gott ist und es außer Ihm keinen gibt. So kann Er uns zur rechten Erkenntnis führen, denn Er allein ist das wahrhaftige Licht der Welt.

Zorn Gottes

In der Bibel liest man oft vom Zorn Gottes, der über die Menschen kommt, wenn sie in arger Sünde leben. Doch was ist eigentlich mit Zorn und Strafe Gottes gemeint? Diese Ausdrucksweisen relativieren sich in dem Maße, indem sich einem das Herz unseres himmlischen Vaters auftut.

Darin wird ersichtlich, dass Gottes Zorn eigentlich Sein Liebeeifer ist, der allezeit Seelen vor dem Ertrinken retten möchte, und dass Seine `Bestrafung´ darauf ausgerichtet ist, verlorene Seelen wieder auf den rechten Weg zu führen, so dass sie nicht in den Abgrund des geistigen Todes stürzen. In diesem Sinne sind Zorn und Strafe durchaus Aspekte göttlicher Barmherzigkeit, auch wenn sie zuvorderst Leid über eine Person oder ein Land bringen.

So sind die Jahre der Drangsal zwar ein von Gott über die Menschheit zugelassenes Gericht, das Motiv dafür und darin sind aber allein göttliche Liebe und Erbarmen. Gott lässt Böses zu, auf dass wir wieder zum Guten finden, dass wir zurückfinden in unsere Gotteskindschaft.

Was müssen wir also tun, damit uns göttliche Barmherzigkeit ergreifen kann, dass wir Erlösung finden im Leid, dass wir das Licht sehen in der Dunkelheit, dass wir den Schatz im Kreuz erkennen?

Der Vater sagt: *„Liebe Gott über alles und deinen Nächsten wie dich selbst. Vergebt euch gegenseitig eure Sünden, wie Ich euch eure Sünden vergebe. Seid auch ihr barmherzig, wie Ich barmherzig bin."*

Man könnte auch sagen: „Wenn du dich in der verzeihenden Liebe Jesu wiederfindest, schreibt Er deine Sünden in den Sand."

Und so wie Jesus unsere Sünden in den Sand schreibt, sollen auch wir vergeben, denn wir sind alle Sünder vor Gott. Dies Bekenntnis der eigenen Fehler- und Sündhaftigkeit ist Voraussetzung, um Befreiung zu erlangen. Es ist das Eingeständnis, dass wir aufgrund unseres Falles aus der göttlichen Liebe unvollkommen sind, und ist das Zugeständnis, dass allein der himmlische Vater vollkommen ist. Es ist das Bekenntnis, dass wir Gottes Schutz und Führung brauchen, ansonsten wir diese Zeit nicht schadlos überstehen. Wenn wir Ihn im kindlichen Vertrauen bitten, öffnen wir Sein Herz in unseren Herzen, so sind wir in Ihm geborgen in Leben und Tod.

Es erfordert Demut, zu bekennen, dass man ohne den Vater in Jesus Christus keine Vergebung und somit Erlösung vom Bösen erlangen kann. Demut meint hier nicht kriecherisch und unterwürfig, Demut erfordert großen Mut, Aufrichtigkeit und Wahrhaftigkeit.

Das selbstgerechte Ego hat stets Probleme mit Demut, Schuld und Vergebung. Es rechtfertigt sich immer, das ist die Natur seelischer Egozentrik, dies erlebt man täglich an und in sich. Doch durch diese schmale Herzenstür, durch dieses Nadelöhr zu gehen ist das Geheimnis wahrhaftiger Gotteskindschaft, worin Gottes Zorn und Strafe zu göttlicher Liebe und Barmherzigkeit werden.

Aufgaben der Arbeiter im Weinberg des Herrn

Jeder Mensch hat gemäß seiner Seelenstruktur neben seinen irdischen Talenten auch geistige Talente erhalten, beziehungsweise gehen die irdischen Begabungen und Interessen aus den geistigen Fähigkeiten und Identitäten hervor. Unter den materialisierten Geistesgaben verstecken sich also individuelle geistige Fertigkeiten und Wesensmerkmale, die die Seele zum wahren Gottesdienst befähigen - und die für alle Ewigkeit gültig sind.

Zwar sind in jedes Menschen Herzensgeist alle göttlichen Eigenschaften vorhanden, in der Korrelation von Körper, Seele und Geist, also der Gesamtheit der Persönlichkeit, kommt es jedoch zu vorherrschenden Ausdrucksweisen göttlicher Aspekte.

So wie ein Körper aus verschiedensten Teilen, Organen und Materialien besteht, ist auch der geistige Leib Christi aus unterschiedlichen Wesensveranlagungen zusammengesetzt. Jedes Teil hat eine ihm zugeordnete, ganz eigentümliche Aufgabe. Jeder erwachte Christ repräsentiert also eine ihn begründende göttliche Eigenschaft, die er der Menschheit auf eine ganz individuelle Art und Weise offenbart.

Die in seiner Seele enthaltenen Talente öffnen sich im Verlauf des Erwachens und versetzen den Menschen sodann in die Lage, aktiv in den Dienst Gottes zu treten. Bei den meisten ist dies erst im weiteren jenseitigen Dasein der Fall; nur wenige finden sich bereits während des Erdenlebens mehr oder weniger in ihrer gottgegebenen Persönlichkeit.

Da wir nun in eine besondere Zeit der Wandlung sowie göttlicher Gnade eingetreten sind, können und werden vermehrt Seelen aber bereits im irdischen Dasein in ihre göttliche Bestimmung finden. Sie sind berufen und auserwählt, in dieser Zeit der Wandlung als Arbeiter im Weinberg des Herrn tätig zu sein. Sie dienen der Menschheit mit göttlichen Gaben, sie bilden den irdischen Leib Christi, um Seine aktive Wiederkunft im Geiste zu realisieren.

Wie sind nun die Talente unter den Gotteskindern verteilt? Manche von ihnen haben scheinbar kein besonderes Talent, doch sie leben, von der Welt unbemerkt, uneingeschränkte Nächstenliebe - sie kümmern sich zumeist nicht groß darum, denn für sie ist Liebe ganz natürlich und selbstverständlich. Andere haben enorme Fürbitte- und Gebetskraft, sie wirken im Stillen und Verborgenen, und doch sind sie in ihren Gebeten im Geiste fleißig unterwegs. Einige haben Kontakt mit Verstorbenen und Engeln und geben somit Zeugnis von einem Leben nach dem Tod und von einer Welt aus Licht und Liebe. Andere haben heilende Kräfte, sie betauen kranke Seelen mit dem Balsam der barmherzigen Liebe Gottes. Manche schöpfen Bilder der Weisheit aus ihren Herzen, die der Nächsten Hunger nach geistigen Erkenntnissen wecken. Andere offenbaren Jesu Liebe im Wort und entfachen dadurch die Sehnsucht im Menschen, solche Liebe zu erfahren. Einzelne sehen in die Zukunft und werden so der Menschheit zu Warnern, auf dass sie sich besinnt und ablässt von ihrem gottlosen Treiben. Und durch einige spricht der Vater selbst zu Seinen Kindern, um ihnen Seine barmherzige Liebe zu offenbaren.

Und so gibt es gemäß des Leibes Christi noch viele andere unterschiedliche Ausdrucksweisen Gottes durch Seiner Kinder Identitäten und geistigem Vermögen.

Deshalb ist es so wichtig, den Vater zu bitten, Er möge einen in seine göttliche Bestimmung führen, auf dass die Verwirklichung der Geistesgaben geschehen kann. Dabei ist es nicht selten der Fall, dass sich lange Zeit scheinbar nichts Außergewöhnliches ereignet. Doch ist das Gotteskind, ohne es zu wissen, aufgrund seiner Liebe zum Vater und zum Nächsten bereits ein wandelndes Licht in der Dunkelheit dieser Erdenwelt.

Gelegentlich kommt es vor, dass mediale und geistig sensitiv veranlagte Gotteskinder aufgrund ihrer lichten jenseitigen Ausstrahlung von verstorbenen Seelen bedrängt und bisweilen sogar körperlich angegriffen, gepiesackt und verletzt werden. Dies kann auch durch eine einschneidende Liebeserfahrung oder ein traumatisches Erlebnis zustande kommen. Dieses Phänomen kommt erst ins rechte göttliche Lot, wenn der Mensch Jesus Christus um umfassenden Schutz und um die rechte Ausrichtung der mitgebrachten oder überkommenen Veranlagung bittet. Dann noch etwas vertrauensvolle Geduld - und alles wird gut.

Generell sind alle geistigen Absonderlichkeiten und Verirrungen heilbar, sei es durch demütige und geduldige Gottergebenheit, durch Fürbittegebet, durch einen ermächtigten Heiler, durch jenseitige Engelsmächte oder unmittelbar durch den Vater selbst, von dem ohnehin alle Heilungskräfte ausgehen. Voraussetzung ist jedoch, dass seelisch-geistige Anomalien sowie fremdgeistige Übernahmen erst einmal als solche erkannt werden. Denn steht man nicht auf dem Fundament der Wahrheit, fehlt das rechte Licht, um im Land des Geistes wahr und falsch beziehungsweise richtig und verkehrt unterscheiden zu können.

Ein Vatermedium empfängt Bilder und Worte auf verschiedene Art und Weise

Da gibt es einmal das `unechte´ beziehungsweise imitierte Vaterwort. Hierbei handelt es sich um seelisch gespeichertes, von außen aufgenommenes, angelesenes und angehörtes geistiges Gedankengut und Wort Gottes, das sich im Herzen der Seele mit dem Gottesgeist verbindet und so Lebendigkeit erfährt. Sich dessen zu entäußern ist kein wirkliches Vaterwort, und doch spricht es sich bisweilen so aus, wenn das Gotteskind den Vater im Sinn hat.

Das weiß der Vater und lässt die Verbreitung zu, wenn nicht zu viele seelische Meinungsbilder in die Botschaft mit einfließen und der Vermittler oder die Vermittlerin genießbare geistige Früchte serviert. Allerdings weiß das Medium oft selbst nicht um die Vorgänge und meint, es verkünde ein tatsächliches Wort des Vaters. Hier besteht die Gefahr, dass es sich mit der Zeit im Herzen verliert oder gar verirrt, so dass die Botschaften dermaßen mit weltlichen Ansichten verfälscht werden, dass sich satanische Energien des Wortes bedienen können.

Dann gibt es das wortlose Vaterwort, also sinngemäße göttliche Impulse im und aus dem Herzen der Seele, die das Medium gemäß seines Sprachgebrauchs mit eigenen Worten umkleidet. Hier ist es durchaus möglich, dass persönliche Ansichten mit einfließen, die die Vaterworte ergänzen beziehungsweise auffüllen. Auch das weiß der Vater und lässt es zu, denn die Grundbotschaft, auch wenn diese mehr oder weniger individuell gefärbt wird, bleibt bestehen. Doch nur, solange der Christ sein Herz bei Jesus belässt.

Kommt er vom geraden Weg ab, kann auch dieses Wort inhaltlich verändert werden.

Das unmittelbare Vaterwort gibt die Worte vor. Diese hört oder sieht das Medium in sich klar und deutlich. Sie müssen aber noch das Seelenland des Empfängers durchwandern, weshalb eine sprachliche Färbung zustande kommt. Hier gibt es große Unterschiede, die sich gemäß des freiheitlichen Zustandes des Mediums ergeben. Das Spektrum reicht von einfachen, allgemein gehaltenen Liebe-Kundgaben bis hin zu speziellen Themen mit eindeutigen Aussagen; letzteres ist jedoch eher selten der Fall, da diese Botschaften zumindest eine seelische Wiedergeburt benötigen.

Doch zumeist gehen Wortempfang und geistige Eingeburt Hand in Hand, denn das lebendige Wort Gottes im Herzen der Seele erfüllt diese mit Seinem Geist. Der Geist wiederum trägt das Wort in und durch die Seele. So geht eins ins andere, so bedingt eines das andere.

Es ist auch möglich, dass ein Medium unbewusst zwischen den Empfangsmöglichkeiten hin und her wechselt, da es ihm an der nötigen Übung beziehungsweise Sicherheit mangelt; deshalb können sich auch hier Ansichten aus dem Unterbewusstsein einschleichen. Wenn der Christ in inniger Liebe zu Gott steht ist es aber gut und von Ihm gesegnet, denn herzliche Liebe zu Jesus Christus kann nur Wahrheit bezeugen, gleich auf welcher Ebene.

Grundsätzlich gilt: Je freier ein Mensch von irdischen Konditionierungen, Ansichten und Vorurteilen ist, je mehr er sich von der Welt gelöst hat, je weniger die Seele ins Fleisch verstrickt ist, je innigere Liebe er zu seinem himmlischen

Vater im Herzen trägt, desto klarer und wahrhaftiger kommt das göttliche Gedankengut an die Oberfläche.

In dieser Zeit der Umgestaltung und des Übergangs braucht Gott dringend Kanäle, um sich mitzuteilen. Deshalb nimmt Er alles, `was er kriegen kann´. Denn letztendlich dient Ihm alles zum Guten, da auch scheinbar Mangelhaftes vom göttlich-vollkommenen Prinzip belebt wird. In allen Erscheinungsformen und Ausdrucksweisen ist ein göttlicher Kern enthalten, der seine Wirkung im Liebelicht unseres himmlischen Vaters offenbart.

Aufgrund der differenzierten Offenbarungsweisen können unterschiedliche Seelenstrukturen bedient werden. Was auch notwendig ist, denn der diesseitigen Menschen Seelen bewegen sich in ganz eigentümlichen jenseitigen Sphären, die jeweils verschiedene Eingangstüren und divergente Schwingungen haben. Da kann eine nicht kompatible Botschaft bisweilen geistigen Fortschritt hemmen oder gar Schaden anrichten.

Angesichts dieser medialen Gegebenheiten ist es wichtig, auf dem Fundament der Wahrheit zu stehen, denn dann kann man sich überall etwas aneignen, dann ist die Sphäre offen und die Schwingung göttlich. Mit Jesus haben wir immer das rechte Licht, Botschaften einzuordnen, zu unterscheiden und auszusondern. Eine zusätzliche Hilfe können die Schriften von Jakob Lorber sein, mit denen man notfalls alles wahrhaftig abgleichen kann.

Doch das Ziel jedes gläubigen Menschen sollte es sein, das Wort des Vaters in sich selbst zu vernehmen. Wenn der Christ große Sehnsucht nach der Gegenwart Jesu in seinem Herzen verspürt, hat er bereits das Zeugnis, dass dieser mit

Seinem Kind in Kontakt treten möchte. Das ist wahr und gewiss, denn der Vater hat selbst große Sehnsucht mit jedem Seiner Kinder zu sprechen, ihnen Seine Liebe persönlich mitzuteilen, sie mit Seiner Liebe zu erfüllen.

Deshalb ist es notwendig, täglich in die Stille des Herzens zu gehen und dort in Demut und voller Vorfreude das Kommen Jesu zu erwarten.

Diese Hingabe bewirkt die Gemeinschaft der Herzen, die wir in den nächsten Jahren erreichen sollen. Die Himmelsscharen stehen bereit, um uns dabei zu unterstützen. Alle Erzengel, Erzväter, Propheten, Apostel, alle, die zu Jesu Erdenzeit mit Ihm waren (einige von ihnen sind jetzt wieder ins Fleisch gegangen) stehen bereit, um uns zu dienen, die wir das Wagnis eingegangen sind, in dieser Zeit der Wandlung und Erneuerung das Erdenkleid anzuziehen.

Kundgaben aus dem Licht

Kundgabe für Gotteskinder im Weltenkampf

Proviant des Himmels

Dein Herz soll sein eine Brutstätte des Friedens, der Freude und der göttlichen Liebe. Dein Inneres soll sein so ruhig und aufrichtig wie die Würde eines Baumes, wie seine Wurzeln dein Stand so fest auf dem Boden der Liebe, der da Demut heißt.

Deine Arme seien Handlanger der Liebe und Geber göttlicher Liebesfrüchte in den verwilderten irdischen Gärten der Verzweiflung, der Hoffnungslosigkeit und der Traurigkeit.

Deines Herzens Wärme soll gleichen der Vergebung und Barmherzigkeit Gottes, selbstlos soll es der Liebe dienen. Ja, eine Quelle der Liebe soll dein Herz sein, unversiegbar und unbesiegbar.

Dein Mut sei gleich dem Mut eines Löwen und er sei Bezwinger deiner Ängste in den dunklen Nächten im Garten deiner Seele.

Geduld sei deine stärkste Waffe im Kampf mit deinen Feinden. Und wenn du diese Waffe beherrschen wirst, wird dich die Ewigkeit aus dem reißenden Strom der Zeit heben und dich tauchen in das zeitlose Meer der göttlichen Liebe.

Deine Augen sollen Sonnen sein und dieses dein Innenleben nach außen strahlen, und so werden deine lichten Blicke die Herzen der Menschen erwärmen und zu ihnen sprechen die Sprache der Liebe und der Weisheit Gottes.

So wirst du sein ein wahrer Streiter Christi, ein Soldat des Himmels, ein Ritter deines Königs, ein Bote Gottes.

Und so wirst du einst in deine Heimat zurückkehren, Kind der Liebe, bekleidet mit dem Gewand der Göttlichkeit, denn du hast deine Aufgabe auf Erden erfüllt, und du wirst ausruhen können nach diesem schweren Kampfesweg an deines himmlischen Vaters Brust, und Sein Herz wird deine Wohnstätte sein in Ewigkeit.

Dies sei dein Brot und dies sei dein Wein, deine himmlische Nahrung, die dich allezeit stärken und kräftigen wird auf deinem Erdenweg, den du erwählt hast zu gehen aus Liebe, in Liebe und für die Liebe.

Fragen von mir - Antworten von Geistern

Wenn es die unmenschlichen Systeme beendet, ist das momentane Corona-Geschehen demnach gut?

In allem Üblen ist Gutes enthalten, muss es sein, denn ansonsten hätte das Böse keine Existenz. Der Grund allen Lebens ist Liebe, ist Gott, ist demnach gut. Alle bösen Taten beinhalten also einen göttlichen Kern, und da sich alles Böse allzeit selbst verzehrt, da es kein eigenes Leben hat, bleibt zuletzt immer Gutes, offenbart sich stets göttliches Leben in allen Vergänglichkeits- und Erscheinungsformen.

Wann anders nochmal gefragt

Ist es nicht so, dass alles Alte vergehen muss, damit Neues entstehen kann? Die derzeitige Welt mit ihren gewaltsamen und unmenschlichen Systemen muss einstürzen, muss in sich zusammenfallen, damit eine neue fried- und liebevolle Welt erstehen kann. Also ist dieser Zusammenbruch notwendig, ist die Zerstörung von allen macht- und geldgierigen Prinzipien, von aller blind-materiellen Lebensweise zwangsläufig erforderlich. Also ist es doch gut, was jetzt geschieht?

Ja, im Grunde ist es gut, da jedwede blinde und böse Handlung schließlich und endlich dem Licht und der Liebe untertan sein muss. Die hinterhältige Machtergreifung und Unterjochung der Menschheit durch Satan und seine Helfershelfer, sein offensichtliches Erscheinen und Wirken muss und wird letzten Endes dazu dienen, dass sich das Böse selbst richtet und zerstört. Erst dann wird sich die Welt in ein Reich des Friedens und der Liebe verwandeln.

Muss denn der Übergang ins neue Zeitalter sich so unmenschlich und bösartig gestalten? Muss alles so geschehen, wie es sich abzeichnet, wie es angekündigt ist von Sehern und Propheten?

Nein, das wäre nicht nötig, aber aufgrund des freien Willens aller Menschen ist es vom Vater zugelassen, dass alles Böse sich enttarnt, sich zuletzt enttarnen muss im Licht der ewigen Wahrheit. Nichts ist festgelegt, es gibt keine Vorbestimmung dieser Zeit, und doch weiß der Vater in Seiner Allwissenheit um alles, was geschehen wird. Und Er verkündet es Seinen Dienern, die es an die Welt weitergeben, auf dass sie sich besinne, auf dass die Menschen die Möglichkeit erhalten, die Arche zu betreten, die des Vaters Kinder jetzt in Seinem Auftrag errichten in und mit Seiner erbarmenden Liebe.

Wie auch immer sich die nächsten Jahre gestalten werden, das Gotteskind, das sich jetzt dem Vater anheimgibt, ist in Ihm geborgen, es erlebt bereits jetzt das Göttliche im satanischen Treiben, es sieht den göttlichen Kern in allem bösen Tun, es erkennt die Vollkommenheit in der Unvollkommenheit.

Warum müssen auch Gotteskinder diesen Repressalien und Gewalttätigkeiten ausgesetzt sein? Kann der Vater sie nicht von der Erde nehmen, also leiblich entrücken?

Leiden werden vor allem die Gottlosen, die Materialisten, die Egoisten, sie verzweifeln angesichts des Verlustes ihrer Habseligkeiten und ihrer Lieben; sie sind hilflos im Angesicht des Todes, der seine Macht über diese Erde ausbreiten und unzählige Opfer fordern wird.

Die Jünger Jesu werden geborgen sein in Seinem Herzen, im Leid wie in der Freude, denn ihnen gilt die Welt nichts mehr. Deshalb ist es so wichtig für euch, dass ihr jetzt eure Herzen, euer Leben dem himmlischen Vater anheimgebt, ansonsten ihr ebenfalls von Leid und Tod befangen und gefangen werdet. `Denn euer Widersacher, der Teufel, geht herum wie ein brüllender Löwe und sucht, wen er verschlingen kann.´

Diejenigen, die jetzt in Jesus Christus erwachen und bereits erwacht sind, sind aus gutem Grund in dieser Zeit der Wandlung auf dieser Erde inkarniert. Ihr seid die Arbeiter im Weinberg des Herrn, ihr seid vor- und ausgebildet. Ihr habt Talente mitbekommen, um göttliches Leben zu entfalten in euch und außer euch. Ihr bildet den Leib Christi, so dass Er in euch und durch euch wiederkehren kann.

Die Wiederkunft Christi ist eine geistige in Seinen Kindern, ihr manifestiert den Christus-Geist. Deshalb steht ihr in besonderer Gnade, damit diese Manifestation Gottes vonstattengehen kann. Aus diesem Grund wäre eine leibliche Entrückung das Gegenteil von dem, was Not tut.

Inwieweit kann uns der Vater helfen, sollte uns eine Zwangsimpfung drohen, sollten wir Hab und Gut verlieren oder gar eingesperrt werden?

Der Vater führt jede Seele gemäß ihrer Aufgabe. Es gibt keine allgemein gültige Führung und Schutz. Einige Gläubige werden abberufen, andere werden verfolgt werden, manche bleiben unbehelligt. Nur wenn man sein Leben in Gottes Hand legt, kann eine gottgemäße Führung stattfinden, dann bewegt sich der Mensch in seiner gottgewollten Funktion und Position. Dann erfährt er eine übernatürliche Geborgenheit und einen himmlischen Frieden, unabhängig von der äußeren Situation, denn dann ist er Teil des geistigen Auferstehungsleibes Christi.

Noch habt ihr Zeit in die göttliche Dimension einzutreten, um die zu werden, die ihr seid in Jesus Christus. Doch werden die Zeiten schwer unter der Last des Bösen; und steht ihr nicht auf sicherem geistigem Fundament, besteht die Gefahr, dass ihr der Hand Gottes entrissen werdet. Darum lasst die Welt Welt sein und legt eure Herzen in Jesu Herz, auf dass Er euch zubereiten kann und erfüllen mit Seinem Geist. So wie Er einst Seine Apostel und Jünger erfüllte mit dem Heiligen Geist der Wahrheit, des Lebens und der Liebe.

Gespräch mit einem vollendeten Geist

Der Geist: *Sei gegrüßt. Wisse, du kennst mich gar gut, denn wir sind uns schon begegnet. Ich möchte dir etwas erzählen über Zeit und Ewigkeit.*

Du weißt, wenn eine Seele ihren Kreislauf der Entwicklung und Vollendung bewerkstelligt hat, sie schließlich eingeht in die zeit- und raumunabhängige göttliche Vollkommenheit. Sie lebt fortan als Geist in einer rein geistigen Welt, wo sie nicht nur frei *von den Banden der Materie ist, sondern jegliche Zeit und jeglicher Raum kein Hindernis mehr für sie darstellt. Sie ist dann gotterfüllter Geist und kann sich demnach geistig, das ist in der geistigen Welt wirklich und wahrhaftig, in jede Zeit und an jeden Ort dieser Schöpfung versetzen. Nun stelle dir vor, so ein Geist versetzt sich `zurück´ in die Zeit seines Erdenlebens ...*

Er besucht sich quasi selbst ...?

Ja, er sieht und beobachtet sich aus der zeitlosen ewigen Dimension, er tritt in Kontakt mit seinem kämpfenden und noch erdgebundenen früheren Ich. Kannst du das nachvollziehen?

Ja, das leuchtet mir ein.

Aber nicht nur das. Er hat die Möglichkeit, gemäß der göttlichen Erlaubnis auf das Herz seiner sich entwickelnden Seele einzuwirken, indem er es mit seiner verwirklichten Gottesliebe berührt. Zuweilen darf er die Geschicke seines irdischen Ichs lenken und dessen gute Vorhaben tatkräftig unterstützen. Und in besonderen Fällen darf er die in seinem `Alter Ego´ angelegte Bestimmung eröffnen und diese mit ihm und in ihm in Vollzug bringen. In diesem Zusammenhang darf er sich sogar mit seinem irdischen Ich in Verbindung setzen und mit ihm sprechen. Doch er gibt sich dabei niemals aus sich zu erkennen.

Das ist wundervoll. Dass der himmlische Vater dies ermöglicht offenbart ganz neue Einblicke in Seine Liebe und Barmherzigkeit. Ich fühle mich plötzlich so glücklich (Tränen laufen über meine Wangen). Darf ich fragen, wer du bist?

Das hast du dir bereits beantwortet. Und wisse, wir sehen uns ganz sicher wieder. Sei gegrüßt und gesegnet aus dem Herzen

Jesu Christi. Geh deinen Weg unbeirrt weiter, ich sage dir: Du kommst gewiss an dein Ziel.

Nach einigen Stunden

Ich sehe, du hast noch Gedanken.

Ja. Ich weiß jetzt, dass du ich bist.

(Tiefe Stille, dann:) *Ja, so ist es.*

Hast du bereits mehrere Menschwerdungen hinter dir? Warst du/ich also schon öfters als verschiedene Menschen und doch als ein und dieselbe Wesenheit inkarniert?

Ja.

Wer warst/bist du übergeordnet? Wer bist du/bin ich insgesamt?

Das kann ich dir jetzt nicht sagen. Die Zeit ist noch nicht reif. Doch deine Zeit wird kommen, dein Herz wird es dir offenbaren. Doch du ahnst es bereits. Sei geduldig, halte die Gebote Jesu, und du wirst nicht nur eins mit Ihm, sondern auch mit mir. Denn ich bin eigentlich in dir als dein göttliches Ich. Verstehst du das?

Ich sehe es nicht ganz klar, es ist eher eine Ahnung. Weit weg und doch ganz nah. Doch weiß ich, dass ich im Geiste des Erzengels Michael beziehungsweise Elias fungiere als Vorläufer des Herrn. Bist du Elias?

Finde es heraus. In dir. Jahwe ist mit dir. Amen

Vaterworte verschiedener Medien

Ich werde vor dir herziehen und werde die Berge einebnen. Eherne Türen werde Ich zerbrechen und eiserne Riegel zerschlagen. Ich gebe dir verborgene Schätze und versteckte Vorräte, damit du erkennst, dass Ich der Herr bin, der dich bei deinem Namen ruft, der Gott Israels.

Jesaja 45,1-3

Ja, Meine Kinder, Ich bin bei euch. Ihr ruft Mich in euren Herzen, und wenn ihr Mich ruft, bin Ich bereit. Ich bin allzeit bereit, aber nicht immer werde Ich gerufen. So viele Meiner Kinder haben sich in der Welt verloren, und finden nicht zu Mir zurück. Und Ich rufe und klopfe an die Türen der Herzen, doch wer öffnet Mir? Es sind nur Wenige, und die Wenigen, die öffnen, die schließen auch die Türen gerne wieder, und Ich stehe wieder vor der Tür. Und bei euch, Meine Kinder, klopfe Ich jetzt an und in Zukunft. Und Ich werde euch nimmer lassen, denn Ich bin euer Hirte und ihr seid Meine Herde.

Deshalb habe Ich jeden von euch einzeln bei seinem Namen gerufen. Und Ich führe euch und leite euch durch diese Zeit, die jetzt kommt. Eine schwere Zeit, doch niemand soll ein Herz voller Angst und Sorge haben, denn Freude soll sein in euren Herzen, dass Ich euch rufe, dass Ich bei euch bin.

Es gibt so viele Menschen auf dieser Erde, voller Angst und Sorge. Sie fürchten das Leben und den Tod, doch ihr sollt frei sein von diesen Ängsten, denn nur dann könnt ihr Meinen Geist empfangen. Nur ein freies und frohes Herz kann leben in Mir und Ich in ihm.

Denn dies ist eine freudige Botschaft, und ganz gleich, was kommen mag, was euch begegnet, denkt immer daran: Ich halte Meine schützende Hand über euch. So nehmt diese Worte, Meine Kinder, und freut euch, freut euch in Mir, eurem Jesus, eurem himmlischen Vater. Amen.

Der Vater spricht: *Ich wohne in jedem einzelnen von euch. Das ist Meine Gnade, dass Ich nun in euch voll erstehe. In Zeiten der größten Not werdet ihr Meine Kraft haben und gebrauchen dürfen. Noch könnt ihr euch dies nicht vorstellen, aber es wird sein.*

Eure größte Macht, die hinaufreicht bis zu den höchsten Regierungsstellen, wird Meine Liebe in euren Herzen sein. Lebet Meine Liebe. Das wird die Macht sein, welche alles, alles in Ordnung bringt, was heute in großer Unordnung ist. In eurem Herzen ist die größte Macht - weil Ich in euch wohne. So seid demütigen Herzens. Erkennt, dass ihr von euch aus nichts seid, dass Ich in euch aber alles bin. Ich wirke in und durch euch. Amen

Eure Barmherzigkeit wird euch die Türe öffnen. Wer Mir vertraut, wird nicht zuschanden werden. Und so habe Ich in euren Herzen einen Widerhall gefunden auf Mein Rufen und Locken.

Ich sage euch: Meine Kinder, die ihr Mir ganz nachfolgen wollt, der Feind wird versuchen, dass euch das nicht möglich sei, aber wisset: Ich bin stärker als alle Feinde. Bleibet in Mir mit unerschütterlichem Vertrauen, mit kindlicher Liebe. Lasset euch beschenken täglich aufs Neue mit Meiner Liebe und Barmherzigkeit, denn die Barmherzigkeit ist es, die euch die Tür bei anderen auftut. Mit der Barmherzigkeit nehmt ihr den Stand ein, dass ihr sie tragen könnt, dass ihr unter ihnen seid, dass ihr euch fühlt als Diener der anderen.

Denn bin Ich nicht selbst, der Herr über alles, euer Diener? Ja, es gibt keinen, der sich nicht also gedemütigt hat und der also dient, wie Ich es tue.

Und so sollt ihr, Meine Kinder, in Meinen Fußstapfen wandeln, Ich will euch überschütten mit Meiner Kraft und Liebe aus der Höhe. Und ihr werdet wachsen am inwendigen Menschen und viel Frucht bringen. Wenn ihr auch nicht seht, was in euch vor sich geht, glaubt es Mir: Wer von ganzem Herzen an Mir hängt, der wächst seiner Vollendung entgegen, denn Ich arbeite in ihm und wandle ihn um, dass er ganz und gar eine neue Schöpfung werde.

Lieber Vater, ich komme zu Dir, um Deinen Segen zu erbitten, um Deine Liebe zu empfangen, um Deine Stimme zu hören. Um das Wort zu vernehmen, das Du Deinen Kindern schenkst, wenn sie sich Dir ganz anheimgeben. Wenn die Sehnsucht ihrer Herzen sie zu Dir trägt, bist Du bereit, erwartungsvoll, wie eine Mutter ihr Kind erwartet; ja, voller Liebe und Zuneigung freust Du Dich, wenn ein Kind zu Dir kommt, um im Gleichklang der Herzen von Vater und Kind zu empfangen die Früchte des Lebensbaumes.

Mein Kind, wie du Mich bittest, bei Mir zu sein, darfst du Mein Wort vernehmen. Doch Ich spreche nicht nur zu dir, sondern zu allen Meinen Kindern. Denn Mein Wort ist gültig für jeden Menschen auf dieser Erde. Und ich spreche oft in einfachen Worten, klar und deutlich die Grundprinzipien des Geisteslebens - und das Hauptprinzip ist die Liebe. Aus ihr geht alles hervor, was den Menschen in seine himmlische Heimat führt. Liebe ist das Fun-

dament all dessen, was jemals von Mir geschaffen wurde, und Liebe führt alles Geschaffene zur Gotteskindschaft.

Wenn man die Liebe betrachtet, das Wesen der Liebe betrachtet und die Liebe sich öffnet und man Einblick bekommt in das Wesen der Liebe, tut sich ein Land voller Freude und Glückseligkeit auf. Man sieht, was die Liebe vermag und was sie für eine Macht darstellt. Man sieht, dass Liebe alles durchdringt und erhält. Und man sieht, dass Ich die Liebe selbst bin.

Und so sich dem Gotteskind das Land der Liebe offenbart, hat es den großen Wunsch, ein Bewohner dieses Landes zu werden, ein Eigentümer der Liebe und ein Diener der Liebe zu sein. Und dieses Land ist nicht weit in der Ferne, es ist in jedes Menschen Herzen enthalten. Und so der Mensch eingeht in sein Herz, betritt er dieses Land - in sich.

Und wenn sich des Menschen Herz öffnet, manifestiert er dieses Land auch in seinem Äußeren. Er trägt dann eine Sphäre der Liebe mit und um sich. Er bewegt sich ständig in diesem Land, auch wenn er sich äußerlich in der materiellen Welt befindet. Denn dieses geistige Land ist nicht dazu bestimmt, ein verborgenes im Herzen zu sein, sondern es soll sich im Äußeren manifestieren.

Und so wie das Land der Liebe den herzgeöffneten Menschen erfüllt und durchdringt, soll und wird diese ganze Erde erfüllt und durchdrungen werden von Liebe und Barmherzigkeit. So wird diese Erde einst ein Land der Liebe und des Friedens, ein Land der Harmonie und der Freude sein.

Sieh, diese Geburt vollzieht sich nun. Deshalb habe Ich Meine Kinder auf diese Erde gesandt. Sie sind die Kämpfer für die Liebe. Sie gehen ein in ihre Herzen, in das Land, das Ich für sie bereitet habe. Ich habe ihre Zahl genau berechnet. Sie bilden ein Netzwerk ihrer Herzensländer über die ganze Erde verteilt, vor allem in den deutschen Landen. Hier ist das Zentrum, darin entzündet wird das Feuer, das diese Erde einhüllen wird: Das Feuer der Liebe.

So werden letztendlich all die kleinen Funken der Liebe zu einem Brand, zu einem Flächenbrand. Und ich werde Meine Hand ausstrecken, nicht nur zu jedem einzelnen, sondern Mein langer Arm wird auch diesen Planeten berühren und mit Meinem Zugriff werde ich den Schlusspunkt setzen. Ich werde das Böse, das sich zuletzt aufbäumt, um das Feuer der Liebe wieder zu ersticken, endgültig von der Erde tilgen.

Zusammen werden wir in den kommenden Jahren Mein Reich vorbereiten und es schließlich gemeinsam manifestieren. Und im neuen Reich werde Ich euer König sein und ihr werdet die Erde mit Meinem Geist regieren.

So nimm diese Worte, Mein Kind, und freue dich, denn Meine Worte sind Wahrheit und Leben. Amen

Gute, geliebte Kinder Meines Herzens, Großes geschieht in dieser Zeit durch die Macht Meiner Liebe. Die Sonne der Gerechtigkeit geht auf über alle Kreatur. Jedoch fürchtet euch nicht vor der Gegenmacht Satans, welchem entrissen werden die großen Wesensteile seiner Macht; dieses fordert ihn nun auf zum erbitterten Kampf gegen die Urmacht Meines Geistes der Liebe in Mir.

Meine Kinder, mit der Macht eben dieser Meiner Liebe liebet, vertrauet, denn ihr seid des Vaters überaus geliebte Kinder. Begreifet ihr dies ein wenig? Die himmlische Liebe ist mit euch, spüret ihr dies ein wenig? Mein Wort ist bei euch. GLAUBET.

Im Großen Evangelium Johannes Band 7 Kap. 140 spricht Jesus durch seinen Schreibknecht Jakob Lorber, dass zwar die göttlichen Gebote der Liebe leicht zu halten sind, das Verlassen alter Gewohnheiten aber ein überaus schwieriges Unterfangen ist.

Der Herr: *Ihr müsset euch aber das nicht also vorstellen, als sei das etwa überaus schwer zu erlangen, sondern gerade umgekehrt, - also ganz leicht; denn Mein Joch, das Ich euch durch Meine Gebote an den Nacken lege, ist sanft, und seine Bürde ist leicht zu ertragen. Aber in den Tagen der finsteren Zeit leidet das Reich Gottes Gewalt, und die es besitzen wollen, die müssen es mit Gewalt an sich reißen, was soviel sagen will, dass es nun ein Schweres ist, sich aller alten und verrosteten Gewohnheiten, die aus den Anreizungen und Verlockungen der Welt im Menschen Wurzeln geschlagen haben, zu entschlagen, also den alten Menschen ganz auszuziehen wie ein altes zerrissenes Gewand und aus Meiner Lehre einen ganz neuen Menschen anzuziehen.*

Meine Lehre aber ist in sich ganz kurz und leicht zu fassen; denn sie verlangt vom Menschen nichts, als dass er an einen wahren Gott glaube und Ihn als den guten Vater und Schöpfer über alles liebe und seinen Nebenmenschen wie sich selbst, das heißt, ihm alles das tue, von dem er vernünftigermaßen wünschen kann, dass ihm auch sein Nebenmensch dasselbe tue. Nun, soviel Selbstliebe hat denn doch sicher ein jeder Mensch, dass er nicht wünschen werde, dass ihm sein Nebenmensch Böses antun soll, - und so tue er dasselbe auch seinem Nebenmenschen nicht.

Vergeltet niemals Böses mit Bösem, sondern tut sogar euren Feinden Gutes, und ihr werdet in der Ähnlichwerdung Gottes, der auch Seine Sonne über Gute und Böse gleich aufgehen und leuchten lässt, einen großen Fortschritt gemacht haben. Zorn und Ra-

che muss aus euren Herzen weichen; an ihre Stelle muss Erbarmung, Güte und Sanftmut treten. Wo das der Fall ist, da ist die volle Gottähnlichkeit auch nicht mehr ferne, und diese ist das Ziel, nach dem allein ihr zu streben habt.

Aber wie schon gesagt, diese Sache ist nun eben in dieser Zeit nicht gar so leicht, wie sich jemand das vorstellen möchte. Es wird das einen jeden eine gewisse und unausbleibliche Anstrengung kosten! Doch wer da mutig kämpft, der wird auch des Sieges sicher sein, und des Siegers Lohn wird wahrlich nicht unterm Wege verbleiben.

Aus \`Predigten des Herrn´, durch das innere Wort erhalten und niedergeschrieben von Gottfried Mayerhofer. (Die Kundgabe bezieht sich auf die geistige Wiederkunft Jesu, wobei Seine Vertrauten Ihn auch in Seinem auferstandenen Leib sehen werden.)

Denn seht: Wenn Ich heute auf eurer Welt wieder sichtbar erscheinen werde, glaubt ihr denn, man wird Mich so ohne alle weiteren Beweise für das halten, was Ich eigentlich bin? Mitnichten! Es werden der Zweifler und Leugner, der Verfolger und Hasser genug auftreten. Und wie in jener Zeit die Hohepriester die römischen Soldaten bestachen, dass sie aussagten, es wäre Mein Leichnam gestohlen worden, so werden auch bei Meiner Darniederkunft die Vernünftler, die Gelehrten und Priester alles aufbieten, um die Menschheit vom Gegenteil dessen zu überzeugen, was Ich den Menschen sagen werde.

Glaubt ja nicht, dass diese Menge von Menschen, welche jetzt in Andacht vor den Mir gebauten Altären und Kirchen kniet, sich so schnell mit der Idee vertraut machen wird, Ich sei wiederge-

kommen, zumal wenn sie hören wird, wo Mein erstes Auftreten sein wird und wie Meine Worte an sie gerichtet sein werden.

Und wie in jenen Zeiten, so wird es wieder geschehen. Nur einem kleinen Kreis meiner wirklichen Jünger wird es im Anfang zuteil werden, Mich als zurückkehrenden Jesus, aber auch als Gott, Herrn und Schöpfer des Unendlichen ertragen und erkennen zu können. Diesen werde Ich erscheinen und werde ihnen, wie einst Meinen Jüngern auf dem Berg in Galiläa, zurufen: „Mir ist gegeben alle Gewalt im Himmel und auf Erden! Gehet hin, lehret die Völker und taufet sie, das heißt weihet sie alle ein in diese Lehre im Namen der göttlichen Dreieinigkeit, im Namen des Vaters, des Sohnes und des Heiligen Geistes! Lehret sie aber auch halten, das heißt in Taten ausüben, was ihr selbst als Wahres erkannt habt, und seid versichert, dass Ich bei euch sein werde von Anfang bis in alle Ewigkeit! Amen."

So wird der Ruf an die kleine Schar ergehen, die Ich auserlesen habe zur weiteren Verbreitung Meines göttlichen Wortes, welches Ich einst als Mensch mit Meinem Blut erkauft und besiegelt habe. So wird es geschehen, dass auch diese Neuerwählten, wie einst Meine Jünger, als Wiedergeborene mit aller Macht von Mir ausgerüstet werden, um ihre Worte durch Taten zu bekräftigen und Mir den Weg zu ebnen, damit Ich nur Mir zugewandten, aber nicht entfremdeten Herzen begegne.

Jetzt schon ist Mein Darniederkommen eingeleitet, indem Ich, wenn auch nicht sichtbar, doch schon geistig einwirke, um Mir eine Anzahl Jünger zu bilden, welche die Wege ebnen sollen.

Wer bin ich?

Als der Vater, die göttliche Liebe, sich in Jesus zurückzog und der Mensch Jesus allein mit Seinen seelischen Kräften im Garten Gethsemane mit Satan ringen musste, sah Er in allen Einzelheiten, was Ihn am nächsten Tag erwarten wird, und diese Schau ließ Seine Seele bis ins Innerste erbeben. Dies haben auch die himmlischen Heerscharen gesehen, sie durften Jesus aber nicht beistehen.

Einer, der Jesus besonders lieb hatte, hielt es aber nicht länger aus. Er stürzte hin zu Jesus, um Ihn zu trösten und Ihm beizustehen. Als er aber bei Jesus war, da sah er eine Träne aus dessen Auge rinnen, darin sich ihm die Opferliebe Gottes zu Seinen Kindern offenbarte - und er sah, in welchem Maße Jesus für ihn leiden wird. Diese Liebe erschütterte den Engel so sehr, dass Jesus ihn trösten und stärken musste. Und dieses Trösten wiederum stärkte den kämpfenden Jesus. Und so war es eigentlich eine beiderseitige Tröstung und Stärkung.

Die Träne Jesu hat der Engel als dessen Abschiedsträne nochmal gesehen, als er sich einst aufmachte \`hinab´ in die Materie dieser Erdenwelt. Diese Träne Jesu wohnt unvergänglich in seinem Herzen, sie begleitet ihn auf seinem Lebensweg bis zur Heimkehr ins Vaterhaus.

Jetzt ist dieser Engel Erdenmensch und erfüllt einen göttlichen Auftrag. Als eigenständige geistige Wesenheit bin ich der aus dem Herzen unseres himmlischen Vaters Gesandte Samuel. Im Geiste Elias verkünde ich die Wiederkunft Jesu Christi, die eigentlich die Gegenwart Jesu ist, denn Er ist bereits da - und eigentlich war Er nie weg. Im Geiste des

Erzengels Michael stehe ich im Kampf mit den satanischen Mächten als Symbol des Sieges göttlicher Liebesmacht.

Der Vater setzt mich ein als Hirte über Seine Herde, die Er mir zuführt. Als Offenbarer von Gottes Liebe leiste ich Hilfestellung für Seine Kinder in den sieben Jahren der Drangsal, die nun über diese Welt hereinbrechen. Auch jetzt darf ich Beistand und Tröster sein, um Geschwistern Zweifel, Angst und Sorge zu nehmen in dieser Zeit satanischen Treibens, und um diejenigen zu stärken im Ringen mit den niederen Mächten im dunklen Garten ihrer Seele, die ihr Leben dem Vater als Opfer darbringen möchten.

In der Liebe zu Jesus gleiche ich dem Apostel Johannes, die Liebe, welche jedes Maß übersteigt. In mir vereinigt sich alle Zeit - die Zeit, die endet, die Zeit, die beginnt. In Gott bin ich verbunden mit allem Leben - in mir ist alle Welt, so lebe und sterbe ich in Jesus Christus.

Samuel

Abschließendes Antwortschreiben

Verschiedene Fragen, die gestellt wurden und noch gestellt werden, sollen hier im Vor- und Nachhinein beantwortet werden.

Bin ich ein Verschwörungstheoretiker im christlichen Gewand? Oder ein bigottischer Irrläufer, der die derzeitigen Maßnahmen und Geschehnisse bezüglich Corona dazu benützt, um seine apokalyptischen Ansichten zu untermauern?

Meine geistige Herkunft und Bestimmung habe ich im vorhergehenden Text bereits geoffenbart. Als pur Mensch bin ich Realist, dem der himmlische Vater die Augen geöffnet hat. Er hat mich so geführt, dass ich Einblick habe sowohl in das materiell-satanische als auch das geistig-göttliche Motiv dieses Endzeitgeschehens. Klar erkenne ich die Zeichen der Zeit in den biblischen Offenbarungen und gemäß neuzeitlicher Prophetien.

Auch stehe ich aufgrund meiner endzeitlichen Berufung selbst in innigem Kontakt mit Jesus Christus; Er ermöglicht mir Einsicht nicht nur in das gegenwärtige antichristliche Hintergrundgeschehen, Er schenkt mir auch Voraussicht in die kommende Zeit.

Alles Zukünftige begründet sich im derzeitigen Zustand der Welt und ihrer Machthaber. In dieser Momentaufnahme ist ersichtlich, dass sich im Großen und Ganzen alles so gestalten wird wie in diesem Buch beschrieben. Sollte sich die Möglichkeit einer abgemilderten Geburt auftun, wird Gott diese kundgeben und realisieren. Darauf hoffe ich inständig und dafür bete ich.

Warum prangere ich das Verschwörungsszenario in allen Einzelheiten an, wenn es letztendlich doch der Errichtung des göttlichen Friedensreiches dient?

Zum einen kann man die Zusammenhänge der materiellen, satanischen und göttlichen Motive nur verstehen, wenn man sowohl eine Gesamteinsicht als auch eine Gesamtübersicht des Endzeitgeschehens hat. Zum andern ist dies auch eine Aufklärungs- und Anklageschrift gegen Gewissenlosigkeit, Falschheit und Lüge. Da ich als Kind meines himmlischen Vaters Diener der Wahrheit bin, ist es meine Pflicht und Verantwortung meinen Geschwistern und Mitmenschen gegenüber, Blindheit, Falschheit und Lüge dar- und offenzulegen.

Es ist schwer zu glauben, dass es tatsächlich Personen gibt, die die ganze Welt regieren wollen, und dass ihnen dies auch möglich ist.

Die Geschichte zeigt, dass es immer schon Welteroberer, und solche, die es sein wollten, gegeben hat. Warum sollte es diese jetzt nicht mehr geben?

Doch ist es jetzt eine andere Art des Krieges, eine andere Art der Eroberung als wir sie kennen und erwarten. Denn die Regierungen töten ihre Untertanen nicht im Krieg gegen andere Länder, nein, sie bekriegen die eigene Bevölkerung mittels Panikmache, Erniedrigung, Stigmatisierung, Manipulation und Lüge. Weltweit initiiert und ermöglicht wurde und wird dies durch eines im Verlauf der letzten Jahrzehnte im Zuge der Globalisierung errichteten politischen, wirtschaftlichen, gesundheitlichen, finanziellen und medialen Netzwerkes, das sich nun in Händen einiger weniger gewissenloser Machtmenschen befindet.

Soll man jetzt alles stehen und liegen lassen angesichts der bevorstehenden Ereignisse? Wie soll man sich jetzt und in Zukunft verhalten?

Der Vater möchte, dass wir positiv bleiben, dass wir nicht in Weltuntergangsstimmung herumlaufen und Schwarzmalerei betreiben. Wir können und sollen unser Leben im Rahmen der gegebenen Möglichkeiten weiterhin aktiv und im Vertrauen auf Ihn gestalten. Ja, `selbst wenn morgen die Welt untergeht, sollen wir noch ein Apfelbäumchen pflanzen´.

Auch macht es keinen Sinn, überall Aufklärung über Corona und die damit einhergehenden argen Hintergründe betreiben zu wollen. Nur wo nachdenkliche Fragen gestellt werden und sich passende Gelegenheiten ergeben sind aufklärende Worte angebracht.

Und auch geistige Aufklärung sowie die Kundgebung der Wiederkunft Christi sollen behutsam geschehen. Hier soll man auf die göttliche Führung und Einsprache achten und sich nicht selbst zum Propheten machen. Das gottliebende Herz gibt allezeit kund, wie, wann und wo man missionieren kann, darf und soll. Erst in der zweiten Hälfte des endzeitlichen Geschehens soll und wird es eine breit angelegte Verkündigung und Offenbarung Christi geben.

Was ist wahr an den Berichten über UFOs und Außerirdische?

Es gibt bei uns keine Außerirdischen in UFOs, das betone ich immer wieder. `Außerirdische´ gibt es nur als von anderen Gestirnen inkarnierte Erdenmenschen. Die Lüge UFO dient einerseits zur Ablenkung von antichristlichen Machenschaften sowie zur kollektiven Interessensbündelung, wodurch große Personenverbände leicht zu führen sind; andererseits zeigen die angeblichen Begegnungen mit und Sichtungen von UFOs Vorbereitung und Inkrafttreten für das Projekt Blue Beam. Mit dieser Technologie können akustische Phänomene und visuelle Hologramme/Simulationen in der Atmosphäre erzeugt werden. Dieses Verfahren ist inzwischen so weit fortgeschritten, dass man allerlei Klänge und Bilder am `Himmel´ ertönen und erscheinen lassen kann, so z.B. ein Röhren (Posaunenstoß) oder eine durchdringende Stimme. Als projizierte Bilder oder `Filmvorstellungen´ sind insbesondere UFOs sowie ein herannahender Komet möglich. Realisierbar sind auch religiöse Hologramme oder gar eine messianische Gestalt.

Diese Inszenierungen dienen zum einen zur allgemeinen Blendung und Traumatisierung und der dadurch ermöglichten Einflussnahme auf die Psyche Gläubiger, Abergläubiger, Fanatiker sowie orientierungsloser Personen. Zum anderen verursachen die Trugbilder ein unübersichtliches Chaos, wodurch uneingeschränkter Ein- und Zugriff in alle weltlichen Strukturen möglich ist.

Die wirtschaftliche und finanzielle Globalisierung, die Erzeugung von Pandemien und die dadurch ermöglichte Einsetzung einer weltweiten Gesundheitsdiktatur, die initiierten Kriege, um Völkerwanderungen in Gang zu setzen, die Klimalüge, die Überwachungstechnik, die Bündelung der öffentlichen Medien und vieles mehr waren raffinierte Schachzüge; mit den sphärischen Imaginationen wird die verblendete und verdummte Menschheit matt gesetzt - jetzt kann man alles mit ihr machen.

(Ob dieser Plan tatsächlich umgesetzt wird, ist noch fraglich; möglich ist diese Operation auf jeden Fall.)

Warum geht es immer nur um Gut und Böse? Es gibt doch auch Schattierungen dazwischen.

Ja, sicher gibt es nicht nur Weiß und Schwarz. Doch im Falle der Scheidung der Geister gibt es keine Kompromisse. Da gibt es nur ein Entweder-Oder. Für Gott und die selbstlose Liebe oder für die Welt und die Eigenliebe. Man kann nicht zwei Herren dienen, Gott und der Welt. Sicher gibt es Abstufungen in der Liebefähigkeit und den individuellen geistigen Talenten, aber hier geht es um die Entscheidung und nicht um das Ergebnis. Der ernsthafte Wille zählt, der dem Gebot `Liebe Gott über alles und deinen Nächsten wie dich selbst´ Lebendigkeit verleiht.

Das geht nicht, wenn man Gott neben der Welt herzieht, wie bereits öfters betont. Er möchte ganze Herzen und keine halben. Welcher Ehemann oder welche Ehefrau, der oder die den Partner innig liebt, akzeptiert einen Nebenbuhler oder eine Nebenbuhlerin?

Doch ist das Motiv unseres himmlischen Vaters nicht selbstsüchtig; Er handelt in Seiner Liebe selbstlos, denn Er kann Sein göttlich Wesen an Seine Kinder nur verschenken, wenn ihre Herzen völlig von weltlichen Ansprüchen und Begehrlichkeiten entleert sind. Nur so kann Er sie zeitlich behüten und ewig göttlich-glückselig machen.

Wie sollen wir mit dem Leid unserer Kinder umgehen? Sie müssen diese unsinnige Maske tragen, die ihrer Gesundheit schadet.

Wie bereits erwähnt, müssen die Gotteskinder der Welt Leid mittragen. Als Erwachsener ist man dazu eher in der Lage, aber das Leid unserer Kleinen macht unsere Herzen schwer. Gerade in den Schulen, wo die Maske zum Teil dauerhaft getragen werden muss, kann es zu Schädigungen kommen.

Hat ein Kind ein ärztliches Attest, sollte es trotz des (unsichtbaren) Drucks der Schulleitung und der Mitschüler diese Möglichkeit der Befreiung nutzen - falls es das aushalten will und kann. Gibt es große Probleme beziehungsweise Anklage wegen vermeintlicher Ansteckungsgefahr seitens der blinden Befürworter der Maßnahmen, und man selbst oder sein Kind wird ständig provoziert und/oder gemieden, kann man dieses Kreuz nur tragen, wenn man entweder eine starke Seele ist oder eine innige Herzensverbindung zu Jesus Christus hat, die einen durch diesen Sturm trägt. Ohne vertrauensvolle Hingabe seines irdischen Lebens an die Liebe Jesu kann es vor allem bei Kindern zu seelischen Schädigungen kommen; dann ist es besser eine Maske zu tragen. Dies trifft natürlich auch auf Erwachsene zu.

Soll man sich und seine Familie impfen lassen oder nicht?

Diese Frage wird immer wieder gestellt. Und obwohl es besser ist, der Impfung zu entkommen, gibt der Vater hier keine eindeutige Antwort. Warum ist das so?

Zum einen lässt Er Ungewissheit und Unklarheit zu, da diese eine Brücke zu Ihm im eigenen Herzen bauen können. Dort bekommt jede Person eine individuelle Antwort.

Zum anderen ist es notwendig, dass sich Gottes Beauftragte frei bewegen können, deshalb können sie sich unter Seinem Schutz einer Impfung aussetzen. Andere Seiner Jünger und Apostel wird Er so führen, dass sie sich auch ohne Impfung frei und unbehelligt bewegen können.

Insgesamt ist es tatsächlich so: Je mehr wir uns innerlich von der Welt verabschieden, indem wir das gottlose Treiben meiden, je öfters wir abseits allen Weltgetöses in die Stille unseres Herzens gehen und uns vertraut mit Jesus in Verbindung setzen und mit Ihm sprechen, je mehr wir Ihm unser Leben anheimgeben, je inniger und wahrhaftiger wir Ihn lieben, desto eher kann Er dafür sorgen, dass wir und unsere Kinder verschont bleiben von den Auswirkungen der Corona-Impfung und bewahrt und beschützt sind in all den anderen endzeitlichen Plagen - und umso eher kann Er uns mit Seinem Geist erfüllen.

Auf fundamentale Fragen wie: *„Sollen wir die Machtergreifung gewissenloser Teufel mit all den Repressalien, den Existenzzerstörungen durch Arbeitslosigkeit und massenhaften Betriebsschließungen und die dadurch verursachten Hungersnöte auch und vor allem in den Entwicklungsländern gut heißen!? Sollen wir die totale Kontrolle durch diktatorische Gewaltanwendung und Massenmanipulation willkommen heißen!? Können wir noch ruhig schlafen im Wissen, dass eine Zwangsmassenimpfung unzählige Leben kosten wird!? Sollen wir uns freuen, dass wir dauerhaft mit Mikrowellen durch 5G bestrahlt werden!? Auch wenn letztendlich alles dem Guten dient, so herrschen doch weltweit unsägliche Not und Elend … !“* antworte ich:

Nein, freuen sollen wir uns nicht über das Böse, über gewissenlose Gewalt und seelische Grausamkeit. Denn das Böse an sich ist nicht gut, allein das im Bösen enthaltene, alles Leben begründende und belebende Göttliche ist gut, und dies bewirkt zuletzt immer die Selbstzerstörung des Bösen.

Da kommt es tatsächlich auf des Menschen Sichtweise und auf dessen geistige Tiefe an, die begründet sind in Liebe zu Gott und der darin enthaltenen Gottesgegenwart. Wenn man nicht in der Lage ist, die Ereignisse von göttlicher Warte aus zu betrachten, und das können nur die Menschen, die an der Hand Jesu gehen, wird man keine ruhige Minute mehr haben angesichts des Weltgeschehens und sich in Angst und Sorge verlieren. Man muss das menschlich-konditionierte Denken komplett ablegen, um das Licht in der Dunkelheit, die Wahrheit in der Lüge, das Vollkommene im Unvollkommenen zu erkennen. Erst dann offenbart sich der Schatz im Kreuz. Wer sein Kreuz vertrauensvoll trägt, erfährt Erlösung.

Es ist ja nicht Gott, der Übel und Elend bewirkt, der Mensch selbst ist der Übeltäter, Gott lässt es nur zu, denn Er achtet den freien Willen jedes Menschen, der Grundbedingung ist zur Erziehung wahrhaftiger Gotteskinder. Und wenn Er eingreift, dann nur, um der Welt Not zu beenden und in ihr ein Reich des Friedens und der Liebe zu errichten - diese Gewissheit sollen wir immer im Herzen tragen.

Denn auch Er ist es leid, dass sich die blinde Menschheit so sehr Gewalt antut. Seit Jahrtausenden ist die Erde getränkt mit dem Blut namenloser körperlicher und seelischer Grausamkeiten. Das `Hierher und nicht weiter´ ist erreicht, das Maß, das Gott den Menschen gestellt hat, läuft langsam aber sicher über.

Dies bezeuge ich, Samuel Elias, vom Vater gesandt auf diese Erde, um zu verkünden das Welten-Gericht, um zu verkünden die Wiederkunft Jesu Christi.

Amen Amen Amen

Danach sah ich, und siehe, eine große Schar, welche niemand zählen konnte, aus allen Heiden und Völkern und Sprachen, vor dem Stuhl stehend und vor dem Lamm, angetan mit weißen Kleidern und Palmen in ihren Händen, schrien mit großer Stimme und sprachen: „Heil sei dem, der auf dem Stuhl sitzt, unserm Gott, und dem Lamm!" Und alle Engel standen um den Stuhl und um die Ältesten und um die vier Tiere und fielen vor dem Stuhl auf ihr Angesicht und beteten Gott an und sprachen: "Amen, Lob und Ehre und Weisheit und Dank und Preis und Kraft und Stärke sei unserm Gott von Ewigkeit zu Ewigkeit! Amen."

Und es antwortete der Ältesten einer und sprach zu mir: „Wer sind diese, mit den weißen Kleidern angetan, und woher sind sie gekommen?" Und ich sprach zu ihm: „Herr, du weißt es." Und er sprach zu mir: „Diese sind's, die gekommen sind aus großer Trübsal und haben ihre Kleider gewaschen und haben ihre Kleider hell gemacht im Blut des Lammes. Darum sind sie vor dem Stuhl Gottes und dienen ihm Tag und Nacht in seinem Tempel; und der auf dem Stuhl sitzt, wird über ihnen wohnen. Sie wird nicht mehr hungern noch dürsten; es wird auch nicht auf sie fallen die Sonne oder irgendeine Hitze; denn das Lamm mitten im Stuhl wird sie weiden und leiten zu den lebendigen Wasserbrunnen, und Gott wird abwischen alle Tränen von ihren Augen."

Offenbarung Johannes 7:9

Anhang

Buchempfehlungen:

Christliche Offenbarungen:

Das große Evangelium Johannes - Jakob Lorber
Schriftenreihe von Max Seltmann - Lorber-Verlag
Vater und Kind - Ida Kling
Göttliche Offenbarungen - Hans Dienstknecht (Hrsg.)
Der unbekannte Prophet Jakob Lorber - Kurt Eggenstein

Gelebtes Christentum

Sadhu Sundar Singh - Friedrich Heiler
Die Nachfolge Christi - Thomas von Kempen
Ich muss verrückt sein, so zu leben - Shane Claiborne
In Gottes Untergrund - Richard Wurmbrand
Alles für Einen - M. Basilea Schlink
Orte der Gefangenschaft - Ana Mendez Ferrell
Das Tal der Glücklichen – Leopold Engel

Prophetie:

Die Vision - David Wilkerson
Das Buch der Prophezeiungen - Johannes von Jerusalem

Jenseits für Einsteiger:

Licht am Ende des Lebens - Betty J. Eadie
Blick in die Ewigkeit - Dr. med. Eben Alexander
Jenseitsbotschaften - James van Praagh
Rückkehr von Morgen - George Ritchie & Elisabeth Sherrill

Göttliche Liebesmystik des Sufismus:

Die Karawane der Derwische - Llewellyn Vaughan-Lee

Corona:
Lockdown - Michael Morris
Corona Fehlalarm? - Dr. Sucharit Bhakdi

MK-Ultra (Mind Control):
Die TranceFormation Amerikas - Cathy O'Brien

Künstliche Intelligenz, Transhumanismus, Klimawandel, Geo-Engineering, Haarp, Nanotechnologie, Gentechnik:
2025 - Das Endspiel – Joachim Sonntag
(Beide enthüllenden Bücher überschreiten zum Teil die Grenze seelischer Erträglichkeit. Nicht für Zartbesaitete.)

Weltliche investigative Portale zur Aufklärung Corona-Maßnahmen, Impfung, Great Reset und Weltdiktatur:

- Ärzte für Aufklärung ▪ Polizisten für Aufklärung
- MMnewsTV
- kla.tv
- Compact - online und Zeitschrift
- CGArvay
- Rubikon
- Die Unbestechlichen - unzensierte Nachrichten
- The Epoch Times

Christliche Kämpfer an der Front:
Samuel Eckert und Bodo Schiffmann (Telegram)
Der Messenger Telegram ersetzt facebook, Instagram, youtube und WhatsApp, da hier nicht zensiert wird.

Christliche Portale:
gottes-haus.de
Inga Haase - Global Video Church
Lilo Keller - Stiftung Schleife

Bücher von Samuel

Prophetie und geistiges Leben:

Ein Crash mit Höchstgeschwindigkeit gegen eine Wand aus Licht und Liebe
Manifest einer gottbegnadeten Seele
499 Seiten ▪ 19,80 €

Die Jahre der Drangsal
Die Hintergründe von Corona
und eine Schau auf die Jahre bis 2027
aus weltlicher und geistiger Sicht
131 Seiten ▪ 11,80 €

Die Apokalypse und die Ewigkeit danach
Aufschlüsse und Einsichten
Auszüge aus dem Buch
`Ein Crash mit Höchstgeschwindigkeit
gegen eine Wand aus Licht und Liebe´
123 Seiten ▪ 11,80 €

Die jenseitige Welt
Einblicke und Aufklärung
Auszüge aus dem Buch
`Ein Crash mit Höchstgeschwindigkeit
gegen eine Wand aus Licht und Liebe´
80 Seiten ▪ 10,80 €

Reihe Poesie des Lebens:

Aus Seinen Augen trinken
Gedichte über Gott, die Liebe
und das Leben
58 Seiten ▪ 8,- €

Herzenskinderaugen
Gedichte über Kinder, die Liebe
und das Leben
29 Seiten ▪ 6,- €

Liebelichter
Gedichte über den Weg, die Wahrheit
und das Leben
54 Seiten ▪ 8,- €

Das Buch von der Einheit des Geistes
Früchte vom Baum der Erkenntnis
Aphorismen
53 Seiten ▪ 8,- €

Das Buch von der Wahrheit des Herzens
Wahrhaftige Gedichte
93 Seiten ▪ 9,- €

Es hatte die Nacht ihre
Wunden schon verschlossen
Zukunftsweisende Gedichte
54 Seiten ▪ 8,- €

Alle Bücher gibt es als Taschenbuch und E-Book.

Die angegebenen Seitenzahlen und Preise
beziehen sich auf die Printausgaben.

Die Taschenbücher sind bei www.samuel-surazal.de
und amazon erhältlich.

* * *

Ein Crash mit Höchstgeschwindigkeit
gegen eine Wand aus Licht und Liebe
kann auch bei
www.lorber-verlag.de
www.kopp-verlag.de
www.edition-avra.de
sowie in Buchhandlungen unter VLB bestellt werden.
ISBN 978-3-946467-80-9

*

Die Jahre der Drangsal
kann auch bei
www.edition-avra.de
www.kopp-verlag.de
sowie in Buchhandlungen unter VLB bestellt werden.
ISBN 978-3-946467-85-4

* * *

Kontakt bei Fragen oder für Mitteilungen:
info@samuel-surazal.com

Postadresse von Samuel bitte per E-Mail erfragen.

Printed in Poland
by Amazon Fulfillment
Poland Sp. z o.o., Wrocław

73960072R00078